COLLECTION DIRIGÉE
PAR PATRICK BESSON

ALEXANDRE
JARDIN

Dans la même collection

Philippe Djian, par Mohamed Boudjedra
Jean Echenoz, par Jean-Claude Lebrun
Gabriel Matzneff, par Philippe Delannoy

ALEXANDRE FILLON

ALEXANDRE
JARDIN

Domaine français

ÉDITIONS DU ROCHER
Jean-Paul Bertrand
Éditeur Association Sportive et Communautaire
du Centre-Sud
2093, rue de la Visitation
Montréal (Québec)
H2L 3C9
514-522-2246

© Éditions du Rocher, 1993
ISBN 2 268 01522 X

Chose due à Éric Hervé
Pour R

C'est étrange de vouloir écrire sur une personne vivante. Vous ne pouvez pas dire la vérité.

Philip Roth

1

Pascal Jardin meurt d'un cancer à quarante-six ans le 31 juillet 1980 alors qu'Alexandre n'a que quinze ans. On retrouvera dans toute l'œuvre du fils des réminiscences de cette maladie, c'est un auteur gai qui connaît le prix de sa légèreté et en laisse, de loin en loin, des traces discrètes. Dialoguiste, Pascal compte à son actif plus de quatre-vingt-dix films en moins de dix ans. Il a écrit : « L'enfance, on ne s'en remet pas », thème récurrent des romans d'Alexandre. C'est comme journaliste qu'il débute, Marc Allégret le prend comme assistant mais il sera l'ami d'hommes moins en vue tel l'acteur Jacques Santi (*Les Chevaliers du ciel*), réalisateur d'un unique film, *Flag*, avec Richard Bohringer, et l'auteur d'un seul roman, court et magnifique : *Le Petit Bonhomme en noir*. Un homme secret comme on en rencontre peu dans le cinéma; Alexandre comme Pascal ont le sens des amitiés vraies, il est le dédicataire de *Fanfan*. Jardin père écrit le scénario de *La Veuve Couderc, Le Vieux Fusil, le Train, Le Chat, La Zizanie* (avec Louis de Funès), la série des *Angélique marquise des Anges*. Alexandre s'en souviendra : il invite l'héroïne de *Fanfan* à coucher dans un décor et dans un lit de cinéma. Nuit platonique et exaspérante. Il aura quelque défiance pour ce monde de miroirs déformants jusqu'au *Zèbre* de Poiret. Mais il est, de famille, de la partie. On comprend pourquoi Alexandre Jardin aime que ses personnages aient une lourde charge patronymique, une descendance imposante. Dans *Le Petit Sauvage*, le héros, Eiffel, descend de Gustave; l'Alexandre Crusoé, de *Fanfan*, de *Robinson*. La question généalogique était déjà à l'œuvre dans les livres du père : *La Guerre à neuf ans* (1971), *Guerre après guerre* (1973). Mais c'est aussi un romancier : *Toupie la rage* (1972) et *Je te reparlerai d'amour* (1975).

Le phénomène d'édition que manifeste Alexandre Jardin (300 000 exemplaires au lieu de 30 000 pour l'ordinaire des romans qui ont un certain succès) est celui d'un auteur pour non-lecteurs. Un paradoxe mais aussi une rupture avec l'écriture paternelle. D'aucuns dans notre république des lettres pourraient s'en frotter les mains au lieu de poursuivre d'anathèmes le jeune romancier dont les œuvres – même s'il n'y paraît pas de prime abord – foisonnent de références les plus littéraires qui soient. En effet, on lit dans ses romans, et on lit même beaucoup. Tout d'abord, généalogie oblige, c'est du côté de ce grand-père qu'il a peu connu (il meurt lorsque Alexandre n'a que quatre ans) qu'il faut rechercher l'origine des nombreuses biographies d'hommes d'État qui apparaissent dans les bibliothèques de ses personnages. Le Zèbre compte ainsi sur ses rayons les vies de Talleyrand, Bismark, Roosevelt, Frédéric de Hohenstauffen et Léonard de Vinci que l'on peut bien inclure dans la liste pour la longueur de sa barbe et l'ampleur de son œuvre. Ailleurs, dans *Fanfan*, Alexandre Crusoé indique : « ma bibliothèque n'était composée que de biographies d'hommes d'État », mais c'est ici sans doute un écho d'une immodeste pensée de l'étudiant de Sciences politiques qu'il fut et qui déclara par la suite dans une interview, que « dès son premier jour (dans la noble institution), il s'était senti surveillé par l'œil de son futur biographe » !

On serait tenté de continuer cette liste par un auteur commun à des personnages aussi éloignés les uns des autres que la cacochyme grand-mère de Virgile (*Bille en tête*) et la juvénile Fanfan : Chateaubriand. *Le Zèbre* s'ouvre ainsi sur une phrase du romantique ministre : « Faites que la beauté reste, que la jeunesse demeure, que le cœur ne puisse se lasser et vous reproduirez le ciel. » C'est assurément un programme, un art poétique, une ambition pour Jardin.

En poursuivant les goûts littéraires de l'Arquebuse et sa veine politico-poétique, on trouvera le nom d'un autre parlementaire lyrique : Lamartine. Monsieur Ti, personnage de *Fanfan*, comme les autres est attiré par les historiens mais aussi par Musset; il n'est pas seul à aimer la poésie pure, l'Arquebuse, la grand-mère, choisira comme viatique quelques vers de Ronsard. Ils serviront aussi à consoler Alexandre :

> Mon corps s'en va descendre où tout se désassemble
> Quel ami me voyant à ce point dépouillé
> Ne remporte au logis un œil triste et mouillé,
> Me consolant au lit et me baisant la face,
> En essuyant mes yeux par la mort endormis ?
> Adieu chers compagnons, adieu mes chers amis,
> Je m'en vais le premier vous préparer la place.

Lisant sur une ancienne chaise percée, comme le héros de *Fanfan* dans les magnifiques toilettes de l'hôtel du Globe, monsieur Ti aime Montaigne et Rabelais, le maire et le moine, avec une préférence pour le premier puisqu'il apprécie aussi Stendhal. Il organise d'ailleurs des débats entre eux, ce qui devrait faire plaisir aux tenants de la transversalité textuelle et autres philologues de tous poils.

On apprendra d'autre part dans ce petit volume qu'Alexandre Jardin ambitionnait au départ une carrière d'auteur de théâtre (preuve qu'il existe encore des natures promptes à se sacrifier pour un public malheureusement de plus en plus restreint). L'énigmatique monsieur Jardin (Ti) partage avec Alexandre Crusoé l'amour de Shakespeare, le jeune héros ira même jusqu'à pirater la verve élisabéthaine pour déclarer sa flamme.

À étrange lecteur, étrange lecture. Anatole Titanic, pervers tentateur qui sent le soufre à plein nez, récite par cœur des fragments entiers de *La Divine Comédie*; seul signe inquiétant de cette bibliographie romanesque, le plus jeune auteur lu par ces personnages est Stefan Zweig.

Même s'il avoue bien mal connaître la littérature du vingtième siècle (il a peu lu Blondin et Nimier à qui on le compare à la parution de son premier roman, ou encore Marcel Aymé, souvent évoqué pour *Le Zèbre*), Jardin est un authentique héritier d'une généalogie qui s'est illustrée, à la française, dans les domaines de la politique et de la culture.

2

Les événements vont s'enchaîner à la vitesse grand V. Le 4 novembre 1986, *Bille en tête* rafle le prix du premier roman. Trois jours plus tard, le vendredi 7 novembre, le jeune lauréat se voit inviter à « Apostrophes ». Il s'y est rendu en voiture avec Hélène, sa petite amie, qui est devenue sa femme. Arrivé à l'heure à laquelle on l'avait convié, il a regardé la tête des gens qui participaient à l'émission et a trouvé qu'ils avaient l'air anxieux. Il s'est demandé s'il n'était pas anormal.

L'animateur avait réuni ce soir-là Mmes Geneviève Bon, Madeleine Chapsal, Françoise Wagener et Cristel Peyrefitte, ainsi que le romancier et critique Christian Giudicelli, sommés de lustrer l'angora de leurs passions respectives pour contribuer au célèbre ronron de l'émission.

Assis entre Madeleine Chapsal et Geneviève Bon, Alexandre Jardin porte une veste de tweed, vert clair, une chemise rose pâle et un pantalon en toile beige. Il n'a pas de cravate, se tient droit, les jambes croisées, vingt ans de moins, et quelques centaines de milliers d'exemplaires de plus que le reste de l'aéropage, l'air d'un jeune lévite entré là par hasard, un peu égaré parmi ces pros qui font de la surcharge passionnelle comme d'autres de la pondérale.

Dans l'assistance, on repère Antoine Gallimard son éditeur, Hélène de Saint-Hippolyte son attachée de presse, l'air comblé et vaguement inquiet de parents à une distribution des prix où l'on redoute une involontaire incartade du lauréat. Bernard Pivot commence avec Cristel Peyrefitte, venue présenter l'entrée en « Pléiade » de *Belle du Seigneur* d'Albert Cohen, un nobelisable qui voulait se coucher de son vivant sur le célèbre papier bible. On nous en montre le beau masque d'imperator fatigué, moins par l'âge que par

18

l'air des sommets, en peignoir de labeur galactique, lauriers sur le point d'apparaître en couleurs sur la photographie. Un Zeus décati. Elle connaît la première phrase de l'œuvre par cœur bien qu'elle ait pensé, de prime abord, qu'il s'agissait d'un roman médiéval, ce en quoi elle n'a pas tout à fait tort, pense visiblement Alexandre Jardin.

Pivot interroge son plateau. Sommé de passer au tableau, Alexandre Jardin se déclare trop « petit » pour comprendre l'épais volume en dépit de plusieurs coups de sonde. Cristel Peyrefitte opine du bonnet, on lit sur son visage toute l'inanité de l'opération, tout l'insondable du Maître. Jardin promet d'affronter de nouveau le « déferlement des mots ». Défile un sous-titre curieusement rédigé en latin : *flatus vocis* (en effet, on commence déjà à dormir, la dame est confite et ses amours de seconde main) ; il avoue éprouver pour « la Passion selon saint Solal » une affliction stomacale et promet avec un sourire mi-courtois mi-carnassier d'y revenir d'ici... dix ans.

Françoise Wagener, une dame habillée par Burda d'un tailleur en tissu écossais-germanique, comprend qu'Alexandre n'ait pas goûté au charme de *Belle du Seigneur* en raison même du ton de *Bille en tête* « si linéaire et si maîtrisé ». On cherche comme pour les vieilles monnaies, dans ce compliment, quelle face est la bonne. Alexandre Jardin lance son premier éclat de rire de la soirée.

Pivot braque maintenant ses feux sur Madeleine Chapsal, une ex, auteur d'un livre d'entretiens sur la jalousie et de sa *Maison de jade*. L'histoire de l'interruption d'une passion. D'emblée, Pivot titille le côté autobiographique. Madeleine nie, se réfugie derrière la forme romanesque. Pivot la somme d'avouer. Elle se rebiffe pour finalement concéder avoir vécu cette histoire. *La Maison de jade* est sa version de cette passion. C'est une presque vieille dame qui tient à se déshabiller métaphoriquement devant nous. La caméra s'attarde sans pitié sur les fanons qui ornent son cou. *Il* s'est tiré avec l'argent, suicide raté, s'adresse directement à l'animateur, un peu perdue d'être là, secrets défaits, impudique, face à cet homme qui n'est que le bout d'un tuyau pour les images. Pivot commence

20

à être consterné d'avoir trop bien réussi. Une compassion de bon aloi envahit le studio telle une moquette épaisse de bons sentiments; c'est l'instant que choisit Jardin pour trouver le livre très drôle. Au cœur dolent (elle est presque en string) répond cet acte de cœur dont l'acidité cache la compassion. Beau geste qui masque sa beauté.

Giudicelli est un ami de la maison *Lire*, maison Pivot. Ils sont entre eux et se parlent dans la langue très ancienne des vieux maquignons. Nous chassons les mouches de nos naseaux et stabulons dans un ennui de foirail où l'on ne broute que le macadam. On est mal assis à « Apostrophes ».

Révélation, l'héroïne de Geneviève Bon est professeur de lycée (un ange pédagogue lesté d'un lourd cartable aux bretelles fluo passe et repasse sous les spots), elle résiste à la libération sexuelle par snobisme mais croit qu'un seul rapport hors mariage peut la libérer (du snobisme, pas du mariage). On sent bien que Jardin regrette l'absence dans le studio d'un cheval-arçons ou d'autres agrès, il sautille d'une fesse sur l'autre sans arrêt sur son siège. « Il ne faut pas faire de mal à nos conjoints, c'est une histoire de peau, mon héroïne décide d'écrire un roman », poursuit-elle. Jardin virevolte sur place et boit du jus d'orange.

On lui offrirait bien des boudoirs ou des Ferrari pour qu'il nous donne la recette de son pâté d'alouettes, les dames le scrutent avec envie, on le fête, on le papouille, on le bouchonne de références les plus folles (Benjamin Constant, Benjamin suffisait) on se pâme, on ne s'entend plus, l'ambiance tourne au *hard core*, chacun et chacune lance à la ronde, sans souci du brouhaha, ses dragées et sa violette. D'un instant à l'autre, on attend que Bambi entre sur le plateau ; Pivot se met à citer d'abondance, à longs traits assoiffés, il bardifie. La mayonnaise prend, se chantillyse, Jardin a tapé dans le mille, le tambour a frémi et résonnera durablement, c'est un auteur moderne qui saura se servir de la télévision comme en d'autres temps on devait connaître l'affiche, les cercles mondains ou la typo.

Après l'émission il a été dîner dans un restaurant le *Relais Plazza* en face d'A2 avec son éditeur et Verny. En entrant, elle a crié « À bouffer ! ». De fait, la table était mise.

Cette entrée en littérature pouvait-elle

d'ailleurs se présenter sous de meilleurs auspices? La couverture blanche des éditions Gallimard. Prestige! C'est celle de Sartre, Gide, Camus, Aragon, Proust, à l'âge des duvets, sacrée couvrante pour un jeune homme. De plus, c'est un premier roman, sorte de poulain aux pattes grêles sur lequel personne dans la profession n'ose trop miser, deux mois seulement pour affronter les Modiano, Labro, Quignard, casaques maison, piaffeurs et de longue course. Il est maigre, moins de deux cents pages, cent quatre-vingt-cinq pour être précis mais dédiées justement à Françoise Verny. Et cela change tout. Il a l'*imprimatur*. La prêtresse, le sergent recruteur, la sage-femme des lettres hexagonales y croit ferme et jure par saint Johnny Walker qu'il les aura, le Prix, les bravos, les tirages. C'est elle qui l'a changé de scénario en roman, « entrée en édition comme on entre en religion », elle a eu la Vision.

Il faut dire qu'elle s'appuyait sur toute une histoire familiale, car si le nom de Jardin ne disait rien aux gens de ma génération, il disait beaucoup à celle de mes parents, lecteurs du *Nain jaune*, de Pascal, le père d'Alexandre.

Ce livre de souvenirs sur son propre père, Jean, je l'ai, moi aussi, trouvé dans la bibliothèque grand-paternelle. Verny guidait le jeune rameau d'une vieille vigne pleine de sève.

3

Les premières phrases donnent le ton. « Chaque famille a son vilain petit canard. À la maison, ce rôle me revenait de droit. » Le jeune Virgile, âgé de seize ans, dépérit en pension du côté d'Évreux, « véritable banlieue de l'histoire ». Virgile, on le comprend, veut un destin : « des femmes, de l'argent, un nom qui sonne ». Pour le patronyme c'est fait et ce n'est pas indifférent.

Jean Jardin, son grand-père, directeur de cabinet de Pierre Laval, exilé en Suisse, puis éminence grise d'Antoine Pinay, a eu un destin politique dont on retrouve l'écho dans la réplique qu'adresse le jeune Virgile au contrôleur du train qui l'arrête dans sa fugue quelques pages plus loin : « Le Premier ministre nous attend. » Sciences po, études poursuivies par le héros de *Fanfan,* et par l'auteur dans la vie réelle, sont une autre manifestation de ce désir d'éminence. Pascal, le père, s'est illustré comme écrivain et scénariste, amenant la lignée à se définir comme il le faisait lui-même par cette formule un peu sombre : « la race des impossibles ». D'Alexandre Crusoé dans *Fanfan* il dit : « C'est mon double, le jeune homme que j'étais à dix-huit ans. » Il y mêle ses ascendants, Jean, Pascal, qu'il intègre dans une dynastie imaginaire, manière de renvoyer l'ascenseur, mieux, la barque de Ker Emma, patrie des Sauvage (Fanfan), patronyme du jeune héros...

Virgile ne tient pas en place. C'est génétique, un héritage de sa mère, morte le jour de ses huit ans. Virgile comme Alexandre sont des vibrions, la vitesse qui les obsède est celle, sans limites, de l'enfance, non de l'adolescence. Le père et le frère ne sont pas des rigolos mais d'honnêtes sédentaires, ils habitent ensemble à Paris. « Paris et sa tour Eiffel en forme de sexe qui domine la cité. C'est à

Paris que se trouve le plus grand arc de triomphe. » On voit combien la capitale rassemble de désirs moteurs pour Virgile. Clé de métal et serrure de pierre pointent le contenu sexuel de ce roman d'initiation mais, beaucoup plus loin, c'est de la dynastie des Eiffel (marchands de clés dans *Le Petit Sauvage*) qu'il est question.

En pension, il n'a qu'un seul ami, Claude, moins enfiévré que lui, mais suffisamment rêveur pour le suivre dans une fugue. Une sorte de Sancho Pança, débonnaire et dissimulé. L'opération tourne court avant même le départ du train. Échec lamentable si l'on pense à la furia de déplacements dont l'œuvre de Jardin fourmille, mais le héros n'a pour l'instant que seize ans. En voiture, jeunesse ! On ne trouvera donc pas ici de ces trajets merveilleux vers la côte normande, un modèle d'ellipse qui ne laisse derrière lui, comme dans les dessins animés, qu'un petit nuage.

Conduits à la gendarmerie, les garçons fulminent lorsque Virgile pense à téléphoner à sa grand-mère, l'Arquebuse. Jardin aime les ancêtres, et derrière eux la sagesse qui fait défaut à ses héros. Mieux qu'une grand-mère, l'Arquebuse, nom délicieusement obsolète et irrévérencieux, est un ami en même temps qu'une mère idéale. Elle aime le cidre et les rillettes et les enlève dans sa voiture dont « deux portes étaient soudées pour ne pas tomber », un véhicule de *cartoon* dont « les roues courent l'une après l'autre ». Fantasque, prompte à encourager toutes les démesures si celles-ci apportent le bonheur, elle pardonne tout à son petit-fils même s'il cultive les fautes d'orthographe. C'est un personnage philosophique qui a horreur des détails.

Retour à la pension, Évreux, mais avec un léger bonus : des week-ends à Paris pour refréner les désirs d'évasion. Le père de *Bille en tête* n'est pas un jumeau inquiétant comme dans le troisième roman, il est plus moderne et plus plat, un négociateur. L'existence de Virgile va rapidement basculer. Il accompagne père et frère à un dîner mondain en pénible appareil vestimentaire. Là, il rencontrera Clara, une grande bourgeoise ; l'entente ne tarde pas. Immédiatement Virgile se voit son amant. Les avances ne manquent pas de culot.

En lisant ces pages, le jeune lecteur bénit la littérature, les jolies bourgeoises (grandes, petites, moyennes, dodues, maigres), et les jeunes amants. Draguez une amie de votre père à un dîner si vous en trouvez l'audace, comme ça, effrontément, en public, dans son propre hôtel particulier, avec le ministre de l'Éducation nationale pour plus proche voisin de table. Virgile a raison, elle passe le prendre à sa sortie de pension. Direction Deauville.

Palace! Le *Normandy*. Un très bel hôtel dans la ville, plus discret et de plus modestes proportions que celui, proustien, de Cabourg. Virgile va à l'hôtel, comme Paul Morand, en homme pressé qui a des idées derrière la tête. C'est dans un autre et plus étrange établissement que Jardin abrite les amours d'Alexandre Crusoé avec Fanfan, une fausse cambrioleuse, à l'enseigne hôtel du Globe, tout un programme. Le Zèbre, lui, trouve dans un hôtel borgne un lieu propre où ranimer la flamme conjugale. L'hôtel c'est le provisoire, une dimension ouverte sur le destin des personnages de Jardin, l'improbable, voire l'impossible.

Le jeune lecteur est aux anges, ce n'est pas à

lui que cela arriverait, il se recale sur la ban-
quette du métro comme à l'arrière de la Rolls
Royce qui conduit le couple vers le palace,
même s'il s'avoue, alors que le wagon sta-
tionne pour cause de coupure de courant
à Denfert, une petite préférence pour la
Bentley.

Il y a un passage dans *Les Bêtises* de Jacques
Laurent qui dit : « Jamais je n'avais exacte-
ment obtenu la situation dont j'avais rêvé.
Donc jamais je n'avais été heureux★

★ Inepte, j'avais été très heureux quand je
lisais *Les Trois Mousquetaires* tout en mangeant
du pain et du chocolat. »

En somme, la littérature permet de grandir
insidieusement, voire en conservant des mous-
taches de chocolat. Virgile flanqué d'une maîtresse de trente-cinq ans se sent quitter l'adolescence, « un mot vide de sens donc utile pour
justifier les prolongations ». Justement, Virgile
n'aime pas l'intermédiaire, l'amphibie, il est
d'un camp, le sien, et ne progresse que par
bonds. Le mari l'intimide, ses réactions également. Même absent, c'est un mari, un homme,
un adulte. Clara n'arrangera rien en lui

offrant, parmi d'autres cadeaux, un train électrique. Il aura le mérite de rapprocher ses hommes autour de la voie car Virgile se prend de sympathie pour le mari trompé, Jean. Un comble.

Il faut dire que Virgile se plaît à croiser le fer avec plus grands que lui : Jean et son père, auxquels il cherche à prouver qu'il n'est plus l'enfant qu'ils croient, mais un homme, un vrai, avec une vraie maîtresse en chair et en os. En chair surtout. Il le fait comme un enfant qui revendique sa mère, traîne sur le palier quand Clara et son mari montent se coucher. Il revendique le « cul de reine » de sa maîtresse comme le sein maternel, d'ailleurs l'anatomie de Clara est sur ce point explicite. Alexandre Jardin écrit qu'elle a des « seins pour les enfants ».

Son père aussi le prend pour un gigolo, même sincère, mais il n'est pas tellement gigolo mais très, trop sincère. Jusqu'à l'insolence.

Il s'en montre irrité au point de le claquer. Virgile fugue de nouveau, pour retrouver Clara et la présenter à sa grand-mère. Pendant que l'Arquebuse et la maîtresse se toisent, il se découvre de tendres penchants de l'ami fugueur pour le chauffeur de limousine. Et qui n'a jamais craqué pour un chauffeur de maître, je vous le demande? Pensionnaire en Italie, il reçoit sa maîtresse travestie en mère.

Santos Dumont prenait ses repas juché sur une très haute chaise pour s'habituer à l'altitude. Il en est un peu ainsi pour Jardin, pionnier farceur, le piolet toujours fiché dans le cerveau; mais qu'on ne s'y trompe pas, c'est là sa façon de sonder nos songes creux, ce plâtre des adultes dont il veut prouver par l'inanité le désastre. Une des grandes préoccupations de son écriture semble être, sous des dehors rocambolesques, de peser la moraline en suspension dans l'atmosphère, d'épuiser les savoirs convenus sous le couvert de l'innocence. *On* a dit à Virgile que, pour être aimé, il faut faire attendre, donc souffrir; bref, il ignore l'art de se faire désirer, lui même pense qu'il lui faut agir avec « maturité », feindre l'indifférence. On croit soudain entendre Marcel Proust penser sa perverse et rose Albertine. Toute cette sapience maso, insidieuse comme une poussière de préau, Jardin s'en débarrasse, il envoie Virgile sur cette fausse piste qui aboutit dans la cour de récré. Le héros qui s'endurçit pour être tendre se trompe, Clara l'attend ailleurs, il détale. Plutôt se mordre les lèvres que de glacer celles d'autrui. Et Marcel de rajouter un kilo d'ouate sous son smoking.

Un beau jeune homme isocèle, jamais dérouté, le héros de Jardin, ce culbuto métaphysique au jarret inoxydable mène les épisodes des romans à larges brides, les enchaîne comme autant de chicanes sur un anneau de vitesse. Il se ruine en palaces puis se fait construire un studio reflet dans *Fanfan*, fait frapper une pièce de fausse monnaie locale par un notaire dans *Le Zèbre*. C'est dans la ligne droite qu'il fait du gras; Alexandre Crusoé ronge son frein (presque au sens propre), Virgile s'ennuie avec Clara d'un ennui romain, grand comme le Colisée, « un vieux stade désaffecté ». Mais qu'importe, Alexandre Jardin se dégage en piqué et le héros sautera dans le lit de sa maîtresse pour lui annoncer qu'il la quitte.

Fêtes romaines et désirs en baisse se conjuguent pour ramener le héros dans le bureau paternel. L'ennui avec les soirées mondaines, c'est qu'on risque de vous y prendre en photo à l'improviste. Le père exhibe la rubrique « people » et met le fils dehors.

Travailler ? Pour faire quoi ? Virgile débute dans la vie active comme coursier pour un journal – en attendant d'en prendre la direction. Avec sa première paye, il voudra offrir un café à Clara, mais la dame aime payer. « Une somme aussi ridicule. » Virgile est mortifié, petit parmi les grands, il les dépasse, grand il est minuscule, lui dit la dame. Jardin prétexte souvent une envie soudaine de pisser pour interrompre les conversations. Un procédé désinvolte digne de Roger Nimier, ici, même pas besoin. Désarçonné, il lui faut l'air de la campagne et l'Arquebuse qu'il sauve des miasmes de la maladie à grands renforts d'amour, de cidre et de rillettes. La seule manière d'attendre convenablement la mort, c'est bercée par des vers de Ronsard, lui souffle-t-elle. Virgile vient de comprendre qu'il faut vivre pour soi ; en quittant Clara, il pourra enfin vivre bille en tête.

4

Le zèbre est-il un animal noir à rayures
blanches ou a contrario un animal fonda-
mentalement blanc à rayures noires ? La con-
templation de l'exotique équidé, tout comme
ce roman, propose à la réflexion du lecteur
des interrogations paradoxales. Peut-on être
toujours dans le temps des débuts amoureux ?
Est-il scandaleux d'aimer sa femme ? J'en-
tends, bien sûr, aimer d'un amour hors contrat.
Accessoirement, d'autres questions liminaires
se proposent aux amateurs de rhétorique sentimentale : un notaire de province qui donne
rendez-vous à une femme, incognito et mas-
qué, dans un hôtel de passe de bas étage est-il
tout à fait normal quand on sait que cette
femme, c'est la sienne ? Un notable moderne

peut-il faire battre monnaie? Prendre chambre dans un monastère dans l'idée d'y faire l'amour? Infliger des lavements à ses employés?

L'auteur qui, dans une interview télévisée, déclarait son « ambition d'être un amant », n'est pas à confondre avec nombre des littérateurs pour qui ce souhait est une motivation essentielle à leur art, voire un objectif. En effet, Alexandre Jardin, qui passe pour le chantre de la monogamie passionnée – postsida, diront quelques zélateurs de la sociologie contemporaine qui ont trouvé là un de ces ouvre-boîtes universel si utiles à la tambouille théorique – ne pouvait assumer le paradoxe qu'en donnant vie à ce personnage antithétique qu'est le mari-amant. Il ne fait là que poursuivre la veine autobiographique cachée qu'il suit depuis les débuts de *Bille en tête* et, dans ce jeu de l'oie des passions, il en est arrivé à une case bien inconfortable, celle qu'il nomme « la séduction monogame, une voie étroite, un fil tendu entre deux précipices ».

C'est donc en fil-de-fériste que se présente le romancier dans un livre à épisodes multiples, mais qui suivent tous une « voie étroite » qui ne doit rien à André Gide mais bien plus à Mlle de Scudéry (1607-1701). Sur la marqueterie précieuse de la carte du Tendre, à y bien regarder, c'est un Zèbre qui caracole entre ces « agréables villages de " Jolis Vers ", de " Billet Galant " et de " Billet Doux " qui sont les opérations les plus ordinaires dans les commencements. » À près de trois cents ans de distance, Jardin débute son roman comme le prévoyait, à l'hôtel de Rambouillet, en son salon, une noble demoiselle qui venait d'inventer la cartographie sentimentale. Que le « Fleuve de l'Inclination » roule entre les berges du mariage, qu'il faille, à contre-courant, le remonter, elle ne l'avait sans doute jamais imaginé. Pourtant c'est bien vers la « Mer Dangereuse » vers les « Terres Inconnues » des passions que Jardin s'accorde lui aussi à nous emmener. Le notaire excentrique pourrait très bien s'adresser en la vieille et mirobolante langue de l'ouvrage à sa moderne épouse et lui dire : « Madame il faut, s'il vous plaît, retourner à " Nouvelle Amitié " pour voir de quelle route on va de là à " Tendre-sur-Reconnaissance ". » Le Zèbre revendique tout au long du livre les divers sens de ce dernier terme car il s'est défini comme celui qui aime. De sa personne il a dépouillé tout le reste comme, plus tard, le Petit Sauvage abandonnera Gaspard Eiffel l'adulte pour retrouver l'enfant. C'est pourquoi il est un peu autre, sa personne s'est un peu perdue mais c'est cette identité qu'il veut faire re-connaître par Camille. Elle recule devant cet être simplifié à l'extrême qui, à ses pieds, a déposé sa personnalité personnelle (si je peux me permettre) et ne garder de lui-même que cette composante amoureuse. En dépit de ses efforts pour maintenir des liens avec ses enfants ceux-ci se distendront; ils ne sont que la gaine du vrai métal : Camille.

Être simplifié, il agit en simple, en fou. « Voyez donc, je vous prie, comment il faut aller d'abord de " Nouvelle Amitié " à " Complaisance " ». L'épouse participera au *remake* de la première rencontre – sur le palier – avec un moral de figurante mal payée. Elle veut une nouvelle monnaie, pas celle que le notaire frappe à l'effigie de leurs deux mains entrelacées. Elle veut du neuf, du jamais servi, « ensuite il faut se rendre à ce

petit village qui se nomme " Soumission ". »
Bien sûr, le parfaitement autre, l'adultère per-
forant, l'incendiaire, le définitif n'est pas le
propos de Jardin. Camille devra se plier aux
inventions protéiformes de son mari. Aussi
génial bricoleur de machine à fumer que de
situations burlesques, le Zèbre travaillera, passés les premiers épisodes du roman, dans le
neuf. Sa stratégie ressemble à ces sculptures
modernes – vieux tuyaux de cheminée rouillés
branchés sur des sommiers de la même époque
indécise et éternelle comme l'émotion que l'on
veut provoquer. « Alors on touche un fort
agréable village qui s'appelle " Petits Soins " »
pour son malheur, pour le malheur de l'individu Gaspard Sauvage (mais il s'est débarrassé
de cette identité depuis qu'il a décidé d'être
Gaspard-Camille) l'épouse ne le rejoint que
sur le devers de sa nouvelle épopée. Le Zèbre
devient de plus en plus noir : nécrose. Bientôt
il est de moins en moins Zèbre mais, par-delà
les « Terres Inconnues » il subsiste de lui son
indomptable caractère.

Le personnage Gaspard Sauvage est donc
flanqué d'un *alter ego* féminin, son épouse,

professeur de mathématiques au lycée de Laval, Camille, ce qui, dans le prolongement de *Fanfan*, montre que l'investissement de l'auteur se fait de plus en plus du côté des personnages de femmes. Jardin s'en explique d'ailleurs en disant que « en noircissant du papier chaque matin [...] je cours m'auto-séduire, faire rire cette fille timide qui se prélasse en moi, l'émouvoir, lui parler d'elle-même, formuler ce qu'elle n'ose me dire ».

De fait, le roman (prix Fémina 1988) ménage en son début une très grande place aux cogitations adultérines de Camille. Comme dans les ouvrages d'un autre siècle, c'est par la voie épistolaire que la sage épouse est tentée par l'Inconnu. De la part d'un auteur aussi jeune, on attendait ici un de ces échanges de torrides messages Minitel mais il a choisi, par sensualisme sans doute, ce véhicule d'avant le déluge cathodique pour le trouble des jambages, des pleins et des déliés mieux aptes à transmettre les accents de la passion.

Écrivant pour un magazine féminin, Jardin qui sait caresser dans le sens du poil un lectorat qu'il sait être du beau sexe déclarait « Si j'étais une femme je me délecterais en jouissant des tourments délicieux qui peuvent accompagner un cœur occupé par une multitude d'intrigues. Quel métier procure plus de frissons qu'une liaison clandestine? Existe-t-il une seule profession aussi grisante que celle de maîtresse? On l'a compris, je ne serais guère fidèle. » Même si les sages lectrices de *Marie-France* ne sont pas la cohorte d'hétaïres et de ménades lascives susceptibles de le prendre au pied de la lettre (j'écris le pied mais pense à un autre organe), le romancier leur parle ici, comme dans *Le Zèbre,* d'elles, c'est-à-dire de leur sujet préféré. « Alexandre a compris que les lecteurs sont des lectrices [...] les romans de Jardin sont des contes de fées bourgeois pour lectrices de *Madame Figaro.* D'ailleurs les valeurs bourgeoises il ne connaît pas autre chose » a déclaré Françoise Verny récemment, de façon un peu cynique, puisque le phénomène Jardin lui doit beaucoup en ce qui concerne ses débuts. On peut laisser de côté la provocation que comporte une telle déclaration, et le fiel qui en assombrit l'encre, la professionnelle reconnue qu'est Verny n'est pas sans savoir que, selon une enquête de la SOFRES effectuée en 1990 pour *Le Monde* et France Loisirs ce sont des femmes de moins de trente-quatre ans et de plus de soixante-cinq (et plutôt dans les villes de trente mille habitants que dans les mégapoles) qui sont à la base du succès phénoménal de Jardin.

Livre après livre, prix après prix, il a trouvé un si considérable étiage pour la profession qu'on se demande si, cachée sous la méchanceté du propos de la Pythonisse, il n'y a pas cette idée choquante que le bon, le vrai public d'un artiste ne doit, pour présenter toutes les garanties de sérieux afférent à une aussi noble rencontre, qu'être masculin. Jusqu'où vient se nicher la génétique! Surtout quand on la croise avec le social ou le politique comme au bon vieux temps de Lyssenko. De Francoise Verny, il dit « Quelqu'un que j'aime tendrement », beau joueur non ?

La reconquête est un thème symétrique de celui, à venir, de *Fanfan*; comment recommencer à s'aimer quand on est marié depuis quinze ans est une question que le lyrique Crusoé pourrait fort bien se poser quelques années après la fin du roman. Là où *Fanfan* utilise le principe du différé, ce roman, « feuilletonant », pour reprendre l'expression de Frédéric Dard, accumule les épisodes, car le notaire est un persévérant, presque un monomaniaque. Rassembler les braises et souffler dessus le plus fort possible, c'est sa seule idée. Là où d'ordinaire on met ses qualités au service de la réussite, du métier, lui focalise sur l'amour et, dans celui-ci, le strict domaine conjugal. Une de ses techniques de base est héritée du psychodrame : il s'agira de revivre les scènes décisives de la rencontre. Elles seront foisonnantes, aussi improbables que la réalité elle-même qui les a fait naître, donc très difficiles à réaliser ; raison de plus pour le notaire provocateur que même la mort n'arrête pas.

Quelqu'un qui construit, dans un pavillon de son jardin, une machine à fumer ou un hélicoptère en bois envisage l'impossible d'un autre œil que le commun des mortels. C'est donc avec une énergie ininterrompue qu'il grimpe à l'assaut des sommets amoureux qui furent ceux de son mariage. Énergie qui dépasse bien vite l'épouse qui n'aime que modérément cette perpétuelle *rediffusion* d'une histoire qu'elle connaît parfaitement et pour cause !

« Je reste nostalgique de ces hommes chevaleresques qui jadis, dit-on, n'avaient de vénération que pour une seule. » Cette parole prononcée par l'auteur à l'occasion d'une interview, le Zèbre va la hennir de péripéties en péripéties, rebattant les oreilles de son épouse au point qu'elle est contrainte à le quitter, mais c'est un infatigable. Nous touchons là à une caractéristique de tous les héros de Jardin : lancés, on ne peut les arrêter. Ce cinétisme débuté dans *Bille en tête* s'exerçait dans le monde sans aspérité de l'enfance. Témoins, tous les déplacements effectués magiquement par le héros d'un lieu à l'autre, tous les obstacles pulvérisés (moralisme paternel, exil au Lycée français de Rome). Autre nouveauté du roman, son cadre provincial, le Zèbre est ainsi muni d'amis et d'ennemis de longue durée qui l'aiment ou le maudissent avec cette constance qu'on ne trouve pas à Paris. Passent ainsi un tenancier de bordel huileux mais fidèle aux mânes de ses clients, quelques ruraux-picolo et autres imprécateurs du terroir qui utilisent contre lui une variante du vaudou de la Mayenne.

Apparition discrète mais significative : les enfants. Le garçon porte (plaisanterie pour happy-not-so-few lecteurs de *Fanfan*) le surnom de La Tulipe. Qu'on me permette d'en augmenter la glose en signalant au lecteur que c'est aussi le nom d'un des films préférés d'Alexandre Jardin qui confesse une admiration sans bornes pour Gérard Philipe.

Alexandre comme Pascal ont eu très jeunes un père généreux qui ne les a jamais véritablement détrompés sur l'ordre du monde. Sur son irréfragable pesanteur. C'est une famille qui a un appétit sans frein et ne connaît pas d'autre périmètre de confinement que soi-même. Le Petit Sauvage parle à juste titre de *radioactivité* comme d'une qualité oubliée, pratiquement inépuisable et qui perdure par-delà la tombe. À ce titre, on peut écrire que tous les Jardin l'ont été.

Si la vie réelle montre, en ces destins

d'hommes, un lierre généalogique particulièrement vivace, il en reste quelques feuilles
pour les personnages des romans. Les quatre
livres se partagent par deux quant au destin
de leurs héros. *Bille en tête* et *Fanfan* débou-
chent sur des avenirs, des commencements :
Virgile avec les femmes, Alexandre Crusoé
avec la sienne. Sur ces seuils, le lecteur est
laissé, en même temps que s'achève le récit
de ce qui se passe avant. Ce sont les débuts
d'autres histoires, tues celles-là. Avant d'être
amant, avant d'être mari sont des sujets plus
dignes d'intérêt que le pendant. Ce sont des
sujets plus apéritifs.

Bien au contraire, Gaspard Sauvage et
Alexandre Eiffel vont à reculons à la recherche d'un re-commencement. Aimer de nouveau, de nouvelle manière, du même amour la
même personne. Être de nouveau soi-même,
retrouver de soi la racine mandragorique
même s'il faut en passer par le grotesque
d'une bataille de polochons-vingt-ans-après,
les mousquetaires ont du ventre, plus que les
oreillers. Et la plume est plus lourde. Dans
cette régression vers les paradis perdus, on
rencontre toujours le cap du cancer, pointe

à doubler pour une mort en gloire. Le plus irradiant de ces personnages semble bien être le Zèbre, son ultime pirouette, son tour d'honneur, sa dernière ruade s'effectue *post mortem* sous la forme habituelle qu'a pris son amour : le canular. Et c'est un peu du rire sonore (et jaune) de Don Juan précipité aux enfers qu'on entend à la fin de ce roman. Mais non, ce n'est qu'un innocent et exotique quadrupède, un de ces zèbres désœuvrés qu'on voit errer près des chapiteaux – où ils ne servent jamais à aucun numéro – qui téléphone (un appel longue distance en provenance de l'Hadès) voix d'outre-tombe pathétique et clownesque, plus noire que blanche, rayée d'absence.

5

Fanfan, son troisième roman, paraît chez Flammarion le 6 mars 1990, et s'ouvre sur une citation du *Dom Juan* de Molière, « Les commencements ont des charmes inexprimables. » Il est dédié « à mes pères : Pascal Jardin, Pierre Caro, Jacques Santi, Claude Sautet », dont il déclarera à un journaliste de télévision : « Ce sont des hommes qui m'ont tous un jour promené dans un square. » Le monde est donc grand comme un square, mais il s'agit d'y savoir courir en gentil garçon, sans se couronner, et donc éviter les bobos. En effet, le sujet du livre semble bien plus répondre à la question : comment *ne pas* commencer ces choses définitives du lit et du cœur qu'on fait avec les femmes ? C'est un roman d'avant les basculements où le héros suce une dernière fois le cœur amer des bonbons de l'enfance, l'absolu.

Le jeune Alexandre Crusoé, puisque tel est son nom – celui d'une solitude subie, mais aussi d'une construction patiente – ressemble à s'y méprendre à l'auteur en ce qu'il veut réussir là où ses parents ont échoué. Du moins c'est ce qu'il pense au début du roman. Cet échec est d'ailleurs décrété avec toute l'âpreté de l'innocence. Comme l'écrit Oscar Wilde, « Les enfants commencent par aimer leurs parents; quand ils sont grands ils les jugent; parfois ils leurs pardonnent. » Le jeune héros vit donc entre un couple dissolu, celui de ses parents, qu'en enfant il juge sévèrement, et une caricature de mariage rassis que sont ses putatifs beaux-parents les Chantebise. Chez ces gens-là, par contre, on ne divorce pas, et c'est presque pour cela que leur fille intéresse le jeune Crusoé. Ces deux pôles conjugaux sont négatifs ou plutôt, l'un, le Crusoé, est la véritable anode répulsive de ce roman, Alexandre préfère tout – le conjugo zéro des Chantebise – aux interruptions d'amour, à l'inconstance de sa famille et à la fragilité de ses propres Idéaux.

N'étant pas amoureux, il ne risque pas de ne plus l'être; c'est donc une liaison gribouille qui ouvre le roman. Pour ne pas être mouillé on plonge allégrement dans le pire. En quête d'absolu amoureux on trompe et on ment, le tour de force résidant dans le charme du menteur qui fait nager Laure, rencontrée sur les bancs des épousables de Sciences po, en pleine cruauté. Au nom de l'amour, bien entendu. Un amour dont elle n'est pas l'objet mais la simple ombre portée.

Elle tiendra donc le rôle d'un pénible mais précieux boulet à qui Alexandre Crusoé fait en toute innocence les pires affronts. Puisqu'il ne l'aime pas, elle ne peut pas souffrir. Ainsi il jettera dans un soupirail de rencontre les faire-part de mariage dont elle vient amoureusement de calligraphier les enveloppes, il conduira pareillement la sage étudiante à se dévergonder, à l'aguicher lui, la sainte nitouche qui fornique sans y penser, pourvu que ce soit sans son cœur. Sa grande peur est celle-là : coucher sans son Idéal.

Pour réussir cette énorme entreprise il n'y a qu'une solution : reculer l'échéance du premier baiser.

Ayant très jeune compris que la dispersion sentimentale n'avait rien de bon (le monsieur dans le lit de maman pourquoi c'est pas papa?), Alexandre Crusoé s'attache à pratiquer une cour assidue autant que platonique. « La plupart des jeunes filles que je courtisais se lassaient vite de ma retenue. Certaines doutaient de mon hétérosexualité. D'autres me supposaient impuissant. » En fait, elles se trompent, le sexe ne l'intéresse pas, c'est l'amour sa grande question. Et comment s'en défendre mieux qu'en se mariant?

L'heureuse élue a donc pour nom Laure de Chantebise, patronyme réfrigérant qui va bien à toute la famille mais, « Chez elle le divorce n'était pas la suite logique du mariage ». Ouf! Elle correspond au portrait robot de la Crusoètte idéale, mais pas à l'Idéal de ce Crusoé qui veut que, en plus de lui être fidèle, on soit l'objet de son amour à lui. Comme Alexandre, elle recherche la paix des ménages mais, à sa différence, elle ne le fait pas pour y mettre son cœur dans le congélateur. « Nous nous installâmes à Paris dans un studio qui jouxtait l'appartement de ma mère et projetâmes de nous enchaîner légalement l'été suivant. » C'est gai!

On ne traîne pas, mais qu'importe, puisque Alexandre, très Zèbre, qui en a déjà marre avant que cela ne commence, déclare : « Je voulais désespérément croire en l'éternité des mouvements du cœur, au triomphe de l'amour sur les atteintes du temps. » Une Fleur Bleue Inoxydable, Laure de Chantebise tombait à pic.

Lorsqu'il ne pose pas ses fesses sur les bancs de la rue Saint-Guillaume, Alexandre Crusoé s'évade vers la côte normande, pour rendre visite à son mentor monsieur Ti – « un vieillard insolite » –, tenancier d'un petit hôtel et marié à Maude, une ex-veuve octogénaire. Monsieur Ti console et conseille, il tient la place du père réel du héros, que l'on verra apparaître plus tard dans le roman quand Alexandre lui demandera de l'aide, un coup de main fraternel : il s'agit de monter une supercherie, un canular bien dans l'esprit du scénariste et du romancier qu'était, dans la vie réelle, Pascal Jardin.

Les visites à l'aïeul se font au rythme d'un week-end sur deux – comme pour les enfants du divorce – mais il s'agit pour le candide candidat au mariage-enterrement-de-premièreclasse, de « se frotter à leur gaieté et apprendre à raisonner. » L'aïeul peut passer un savon au faux fils, le vrai papa, non.

Monsieur Ti et Maude possèdent une recette miracle contre les chutes de passion : ne pas lésiner sur les sourires complices. Ils servent de famille d'adoption au jeune homme, de logis plus stable que la propriété familiale, le Verdelot. Quant à Alexandre, il fait office d'enfant qu'ils ne peuvent plus avoir et, comme aux enfants, ils ne lui disent pas tout.

Monsieur Ti, personnage énigmatique, penseur tout autant que panseur des « bleus à l'âme » du jeune Crusoé, habite un pays de fable, le territoire d'un conte voltairien, Ker Emma, patrie des Sauvage, patronyme unique de la population du lieu. Tous ses habitants sont cousins, mais on dissimule à Alexandre Crusoé la quintessence de cette ville-famille, la jeune fille dont il tombera amoureux.

D'ailleurs c'est là, à l'hôtel du Globe, que les ennuis vont commencer. À peine arrivé, de nuit, Alexandre Crusoé entreprend de se restaurer à la cuisine : terrine de canard (les personnages de Jardin aiment la cochonnaille et la cuisine de terroir, l'Arquebuse, dans un autre roman, en est un bon exemple). Un bruit le surprend. Quelqu'un ? « L'intrus avait des seins. »

Jardin n'y va pas par quatre chemins, c'est un authentique regard rapide, cru comme le désir et comme lui sans fard : « Elle portait dix-huit ans. J'appris plus tard qu'elle en avait vingt. Sa physionomie se distinguait par une grâce solide, éclatante de vigueur, qui n'existe qu'avec la jeunesse. Elle ressemblait à mes rêves mieux que toutes celles qui les avaient suscités. Jamais je n'étais parvenu à me figurer une fille capable de produire autant de désirs. Mon imagination n'avait rien à lui prêter qu'elle n'eût déjà. » Voilà Fanfan et le désir qui déboule...

La diablesse se trouve être la petite fille de Maude, ce qui rend plus étrange encore la rencontre de personnes ignorant chacune l'existence de l'autre. « Sa séduction me paniquait. » Alexandre paraît succomber aux charmes de l'inconnue au fur et à mesure qu'il parle avec elle. Il lui faut beaucoup de sang-froid pour parvenir à dormir dans la même pièce sans chercher à s'emparer de ce corps. Décernons-lui d'emblée la médaille du mérite amoureux. Il s'est préservé! Le roman dès lors s'engage dans son véritable chemin, entre Laure et Fanfan, Ker Emma et Verdelot, et les allers-retours du Crusoé junior sur cette route sinueuse emmènent le lecteur de famille en famille, d'être en être, de Paris-sur-Chantebise à Paris-sur-passion.

Fanfan veut devenir réalisatrice et semble bien partie puisqu'elle compte déjà dans sa filmographie « un western et deux films fantastiques » parmi ses cinq longs métrages « tous en Super 8 ». Au cours du petit déjeuner, elle ne cache pas son attirance pour Alexandre Crusoé qui se sent bouillir en avalant ses tartines. Il s'avoue : « Laure venait de pâlir à mes yeux. » Il faut bien dire que Fanfan est nettement plus drôle et plus vivante que cette coincée de Chantebise aux plaisanteries familiales éculées. Mais elle est là pour ça, la pauvre, elle a le poids d'un concept, pire, celui de l'impératif moral et conjugal. La stabilité sentimentale tant recherchée par Alexandre paraît bien compromise dès cette première rencontre avec Fanfan-latrouble-fête, qui arrive dans sa vie comme toujours chez Jardin, de plein fouet. En ce début du roman tout reste possible. Résistera, résistera pas?

Traversant cet ouvrage, à l'arrière-plan se trouve le père véritable du romancier. De nombreux fils sont tissés en secret par le jeune écrivain qui le rapprochent et le lient aux autres personnages. Comme Fanfan, il est « dans » le cinéma mais, lui, vit en bordure de la fiction, dans la vie réelle. Il voit l'amour de son fils comme un scénario original auquel, par curiosité professionnelle, il accepte de collaborer. Personnage secondaire, ce père Crusoé joue un rôle ambivalent relativement à son fils romanesque, il aidera à l'intrigue moyennant une livre de filiale chair fraîche, l'expérience Fanfan se devra, vécue et racontée par le fils, d'être rapatriée dans l'univers miroir du cinéma. Papa Crusoé, en bon ogre, accède à tous les désirs de son petit Poucet de fils et, sur sa demande, fait bâtir par des décorateurs de cinéma un gigantesque miroir sans tain qui permet à Alexandre d'observer – *in vivo* – la vie intime de Fanfan dont on recopie fidèlement l'appartement *de l'autre côté* du miroir.

Cette idée de gémellité se trouve par avance dans ce que Pascal Jardin indique de ses rapports avec son propre père quand il écrit « Si nous avions pu être jumeaux, nous aurions au moins fait notre temps ici-bas en commun. Mais là, comme les cartes étaient données, lui le père, moi le fils, le décollage irrémédiable était inscrit d'avance. » On comprend mieux désormais la complexité des rapports père-fils dans le roman puisqu'elle constitue à elle seule un héritage que les Jardin se repassent depuis quelques générations. Ils s'aiment tant que le fils prend toujours son père pour son frère, voire son frère cadet! En remontant encore d'une génération, Jean Jardin, éminence grise de la stature d'un homme d'État dont le père, piètre commerçant, fait deux fois faillite, paye ses dettes sans mot dire sinon plus tard, à son propre fils, Jean, à qui il déclare : « Ton grand-père était un foutu poète. Il confondait chiffre d'affaires et bénéfices. »

Ce à quoi, Pascal, qui n'était guère plus financier que son grand-père, répondit avec naïveté :

« C'est grave?

– Mais non, ça fait seulement des trous dans des petits livres de comptes que personne ne lit. »

« L'adolescence ne voit ni la maladie ni la mort qui s'approche. Elle a trop à faire avec la vie qui vient. » Ces mots de Pascal, mais qui pourraient être d'Alexandre tant ils sont abrupts, nous ramènent vers le roman où le travail du deuil semble loin de s'être terminé tant le père y est vrai. Ni complètement bon ni véritablement pervers, comme un vivant. Mais on connaît – de famille – le sujet : « La psychanalyse moderne et la littérature du siècle ne manquent ni d'explications ni de justifications sur les rapports père-fils. Du "Familles! je vous hais!" de Gide, à *La Gloire de mon père* de Pagnol, on a connu les deux pôles. » Alexandre oscille entre les souvenirs difficiles ici, dans *Fanfan,* mais aussi dans *Le Zèbre,* à cette différence qu'il s'y livre à un exorcisme par l'écriture de la maladie paternelle. Mais, « Plus ceux que nous aimons ont des morts vibrantes et signifiantes, plus il y a de chance qu'ils renaissent un jour sous forme de petits-fils ou de petits-cousins, ou même de petits admirateurs [...] l'important est que certains êtres merveilleux se reproduisent, soit par les voies du sang, soit par celles du destin. L'hérédité dépasse la génétique. »

Ici encore les mots de Pascal pourraient être repris tels quels par Alexandre car il y a aussi, dans son roman, le bon côté des lignées, le père y enfante par l'esprit, le grand-père par le destin. Au cœur de ce dispositif, le plus divers des trois Jardin regarde le bon côté, la bonne face des portraits de famille. Il le fait en scénariste qui doit penser à l'image et met en perspective les trois générations sur un trottoir d'école : « Le Nain jaune (c'est le sobriquet de Jean Jardin), ce jour-là, la veille des vacances, avait choisi de venir les attendre. Ce n'était pas son ordinaire que de faire la sortie des cours. Il se tenait résolu, le pied ferme légèrement en dehors, les mains derrière le dos, le chapeau sur la tête, un peu haletant selon son habitude. Il s'agissait pour lui, selon une technique délicate, de balayer du regard les trois portes juste au moment venu. Il n'était pas là pour en rater un ! Il était fin prêt, tout ensemble ancré sur le pavé et piaffant comme un pur-sang à Longchamp. »

Cette fois-là Alexandre n'est pas passé dans le cadre, qu'importe, Pascal nous le montre comme s'il s'agissait d'un héros d'Alexandre Jardin – le célèbre romancier – : « Je descendis dans la rue et m'appuyai à ma voiture. Deux minutes plus tard, dans un bruit de pétarade et de pot d'échappement usagé par le cross, je vis débouler Alexandre. Il portait sur la tête un casque métallique, bleu horizon, pourvu d'une visière style retour de croisade. Une mentonnière de caoutchouc lui enserrait si fort le menton qu'elle gênait son élocution. Ses yeux brillaient de la vitalité des premières espérances : quatorze ans. Il est superbe. C'est moi, mais beau, jeune, athlétique, avec une gaieté dense et forte, plus rêveuse qu'insolente. [...] Je roulais lentement dans les embouteillages : la mouche du coche. Il se trouvait derrière en même temps que devant, puis repassait à mon niveau pour me vanter les mérites de son premier amour, une certaine Yougoslave qui se nommait Olga. Il irradiait de vie. La force de ses muscles semblait à cet instant ne jamais devoir le trahir. Il existe des demi-dieux, ce sont certains demi-hommes. »

Les personnages d'Alexandre Jardin appartiennent à des généalogies déployées sur plusieurs livres. Le microcosme de Ker Emma génère les Sauvage comme celui de Verdelot les Crusoé. La famille de l'auteur y est dispersée : Pascal et Alexandre, père et fils se rencontrent dans le miroir de *Fanfan* et se trouvent frères jumeaux. Monsieur Ti, allogène directeur de l'hôtel des Sauvage s'appelle en réalité Jardin. À cette parenté brouillant les pistes répond la quasi-endogamie des Sauvage et des Crusoé. Alexandre Crusoé et Fanfan, Françoise Sauvage, vivent tels frère et sœur avant de se marier. Cependant, il s'agit bien de mondes distincts et similaires comme les îles. Celle de Robinson bien sûr mais aussi celle gagnée contre la mer par la digue de Ker Emma. Une forme d'autarcie.

Île terrienne et thélémite, Ker Emma possède son hymne, sa banque, son heure et pour l'ancien élève de Sciences po qu'est Jardin on ne peut manquer d'y voir tous les attributs d'un véritable État. Ainsi, il possède un ministère de la Santé et monsieur Ti comme les deux parents de Fanfan sont des cancérologues qui exercent ou ont exercé à l'extérieur de l'île. Aucun Sauvage n'est réellement malade.

Ce n'est pas le cas des Crusoé qui souffrent surtout d'adultère. Verdelot, « la maison de ma mère », s'oppose au terrain masculin dominé par le phare dans lequel monsieur Ti-Jardin fait la morale au jeune Crusoé... Normal, chez les Crusoé on est jumeau de père en fils, de miroir en miroir. C'est une famille de faux-semblants qui aime le trompe l'œil – l'appartement-décor de cinéma d'Alexandre et les copies du réel, volontairement inexactes, qui fournissent matière à l'œuvre de son père, l'écrivain. Alexandre entraîne Fanfan dans un studio, il veut y vivre en Prince charmant mais la Belle au bois dormant tient à ce qu'on la culbute. C'est la grande affaire de ce roman où Alexandre Crusoé dépasse et prolonge les zozotements du Zèbre et de Virgile Zauvage (comme le dit le proviseur du Lycée français de Rome), il veut « cousiner » – nom de la sexualité endogame des Sauvage – mais pas du côté obscur de Verdelot.

« Il y aura tout le monde » lui dit son père. Alexandre Crusoé traduit : amants et maîtresses. Ce qu'il y a de répugnant de l'autre côté de cette île (car il s'agit de la même), c'est pour les Sauvage l'eau mortifère dans laquelle se plongent et nous plongent les femmes. La petite sœur de Fanfan y disparaît. Fanfan y est supposée noyée par Alexandre qui lui-même songe à y disparaître non pas réellement, physiquement, mais tel un bon Crusoé, en faux-semblant. C'est l'eau de la grotte obscure où Alexandre a peur de disparaître pendant que Fanfan feint de le tromper avec un comédien (recruté pour l'occasion), à la Crusoé.

Alexandre Jardin a écrit *Le Zèbre* avant *Fanfan* bien qu'il ait eu les deux sujets en tête. « *Fanfan* me faisait peur. Je redoutais confusément de me plonger dans un livre autobiographique. Je craignais d'évoquer mes inquiétudes d'enfant, de heurter ma mère, ma femme, ma famille et moi. Il faut du temps pour oser parler de soi et des siens » écrit-il dans une postface à une édition club du livre.

Livre de la souffrance amoureuse, ce roman qui paraît centré, comme *Bille en tête*, sur les désarrois du jeune homme, révèle dans le déroulement de son récit un nouveau moteur, l'âme féminine. N'être pas aimée, ne le croire qu'a moitié, ne pas l'accepter du tout, tout cela entraîne Fanfan à agir, à résister, à contrer son soupirant. Elle se débat avec une vraie douleur alors que le héros préfère encore caresser les chimères de son idéalisme, elle est honteuse d'être refusée, mortifiée par ce qu'elle sent d'inachevé chez Alexandre car, ici encore, c'est l'enfance et ses croyances qui faussent le jeu, Crusoé y tient plus qu'à sa pudeur. Si Alexandre Crusoé a le loisir de se palper avec tant de minutie et se demander toutes les trois pages, avec un sérieux inentamé, si ça le gratouille plus que ça ne le chatouille, sur le second versant du roman, on sent qu'insensiblement monte une profonde colère de femme bafouée dans sa santé (c'est la même chose que l'honneur, chez elles). Jardin en fait mieux qu'un portrait de jeune fille ultramoderne, il pousse, braise à braise, le feu intérieur qui la consume jusqu'aux dernières scènes où, grande brûlée, elle ne donne de sa chair, à aimer, que le petit espace frais de sa main. Tout le reste, elle est prête à le balancer dans le brasier incestueux auprès duquel elle danse pour ses cousins. Corps déjà calciné, rougi à blanc par le damoiseau marivaudant avec lui-même sauf cette partie vierge à donner. Pour toujours.

Nouvelle rhétorique amoureuse, Alexandre Jardin s'y montre un moderne Honoré d'Urfé en ce qu'il conclut qu'il est interdit de jouer avec le cœur d'une femme...

6

Lorsque paraît, fin août 1992, le quatrième roman d'Alexandre Jardin, *Le Petit Sauvage*, l'auteur bénéficie d'une cote de popularité impressionnante. Du bulgare au danois en passant par le japonais (et le... catalan), ses livres sont traduits en vingt-trois langues. Et dire qu'il y a des esprits chagrins pour penser que la littérature française est au plus bas de son rayonnement! Durant l'été, l'adaptation du *Zèbre* par Jean Poiret a attiré les spectateurs en fort nombre, popularisant plus encore – s'il en était besoin – la figure réjouie du jeune auteur.

Le roman retrouve la collection blanche des éditions Gallimard. Retrouvailles iconoclastes, le chérubin est revenu essayer ses nouveaux pétards à mèche. Le lecteur ne manque donc pas de remarquer, au fil des pages, de notables différences avec d'autres ouvrages publiés à cette même enseigne. En effet, il rencontre, au fur et à mesure qu'il lit, une typographie se métamorphosant avec le récit, ce qui est déjà peu ordinaire, mais apparaissent bientôt des dessins puis, horreur suprême, un encarté en couleurs (papier glacé de fort grain et quadrichromie comme pour un supplément de magazine !). Le tout réalisé par François Place, un dessinateur de livres pour enfants. Alexandre Jardin parie sur le roman avec petits mickeys, lettrage caméléon, lignes gondolées, calligrammes quasi olé-olé. Il y a même des pages noires. Entièrement noires. Chez Gallimard ! vous ne rêvez pas, imprimé à Manchecourt le 28 août 1992, les bras en tombent çà et là sur les meilleures moquettes. Une polémique s'ensuit immanquablement dans le Landernau des lettres où il ne fait pas bon jouer les francs-tireurs, surtout quand on vise bien. Pascal Jardin, en son temps, dans *Le Nain jaune*, écrivait avec désinvolture : « On écrit comme on peut. Moi, j'écris comme ça vient, comme le

68

cœur me chante, comme court le stylo, comme volent les hirondelles entre orage et beau temps. »

Le Petit Sauvage a trente-huit ans. Il s'appelle Alexandre Eiffel, descend de Gustave et dirige une entreprise de clés, les clés Eiffel. Sa vie : une belle et bonne serrure dans laquelle tourner en grinçant le moins possible *cosi fan tutti*. Le poids de l'ordinaire est un fardeau majeur pour Jardin : « Plus j'écris plus la réalité m'est insupportable. La vie est tellement mieux à l'intérieur des livres. » À mesure que l'écrivain s'affirme, et qu'il s'éloigne du jeune prodige des débuts, l'univers épuré de *Bille en tête* laisse place à un monde plus complexe en même temps que moins attaché aux contingences du réel. Témoin, l'apparition du monde professionnel à peine indiqué dans les premiers ouvrages, on n'y voit qu'un ministre de l'Éducation nationale, métier incertain s'il en est, pour laisser place à un entrepreneur avec comptable, fondé de pouvoir. La panoplie complète. Comme le héros du *Zèbre,* Alexandre Eiffel est un homme qui ne se retrouve pas dans ce qu'il est devenu.

Son mariage avec Elke, une Finlandaise, d'essence plus décorative qu'utilitaire – une sorte de plante verte du Nord –, ne semble guère le combler. Il n'en souffre pas outre mesure, c'est tiède. Au hasard d'une promenade, un dimanche matin au marché aux Oiseaux, son existence va prendre un nouveau tournant. Alexandre Eiffel est depuis si longtemps adulte qu'un jour, il s'aperçoit qu'il est « devenu une grande personne, un empaillé de trente-huit ans. Mon enfance avait cessé de chanter en moi. » Empaillé, le mot renvoie à la taxidermie autant qu'aux épouvantails ruraux : des morts dedans, des immobiles, des apparents ancrés dans la fine mais dense surface de l'illusion. Ce petit garçon, les siens, son père, sa mère et sa grand-mère Tout-Mamma, le surnommaient autrefois le Petit Sauvage. Il y a bien longtemps... soudain, une invective l'arrête au milieu de la foule : « Le Petit Sauvage tu es un fou. »

Stupéfait, il reconnaît le timbre de la voix de son père, « liquidé par un cancer dans ma quatorzième année ». (L'autobiographie n'est pas loin chez Jardin bien qu'elle ne soit jamais patente au-delà de certains détails qu'il sème à plaisir pour les amateurs de romans à *clés*.) Voilà qui a de quoi surprendre quand on se balade tranquillement. La voix est celle de Lily, « un perroquet du Gabon, une femelle à robe grise que mon père m'avait rapportée d'Afrique pour l'anniversaire de mes dix ans ». Remercions donc l'oiseau, qu'il croyait enfui après le décès paternel, de rappeler à l'adulte que le petit garçon qu'il a été est bien mort depuis des lustres. « Où est le temps où seule ma fantaisie me gouvernait vraiment ? » Le Petit Sauvage doit renaître au plus vite, pour rétablir un peu de désordre dans tous ces mécanismes trop parfaits où nous dormons à poings fermés. Il est somme toute naturel que ce message lui soit transmis par un animal sorti d'un album à colorier.

Les retrouvailles avec Lily, qui ne connaît qu'une phrase, lui permettent aussi de faire un peu le point de la situation. Les années, et les études, l'ont coulé dans le moule qui fait les adultes ; on ne fait pas Sciences po impunément. « Je ne souhaitais plus rien alors que le Petit Sauvage, lui, était riche de mille rêves. » Sans savoir pourquoi, on passe un jour de la lecture des *Trois Mousquetaires* à celle du

Monde. Évidemment, on a de plus en plus affaire à un style de prose qui rend peu à peu chauve.

Dans le taxi où il roule avec la cage de Lily, Alexandre Eiffel songe à cette Tout-Mamma qu'on imagine dès lors aussi farfelue que les autres mamies Jardin (Il doit en avoir un plein garde-manger.) La maison de famille, la Mandragore, a été vendue. Tout-Mamma vit maintenant « dans une maison de vieux nécessiteux, près de Cannes ». Grandeur et décadence. Mais plus encore, la Mandragore n'est pas un nom de lieu indifférent au roman puisqu'il renvoie à la plante, végétal magique né de la semence des pendus, poussant, c'est la légende, sous les gibets et qui présente en ses racines la forme d'un petit homme. Trait d'union entre la mort et l'homuncule, figure de la renaissance, la plante par la contagion des valeurs cachées de ce nom (en Orient le ginseng en est l'équivalent) dote la maison des mêmes pouvoirs, c'est le lieu du revivre, le héros la rachète, la remeuble, la réhabite. Sous le coup de l'émotion, Alexandre Eiffel se trompe et se retrouve en face du domicile de sa tante, lieu qui fut sa première adresse parisienne.

Là, dans son coffre à jouets, gardien et conservateur des ruines de son enfance, il retrouve une enveloppe frappée du sigle de la Société des Crusoé, « un cercle clandestin qui avait rassemblé jadis cinq élèves du collège Mistral, un pensionnat installé dans un petit château qui s'élève au bord de la Méditerranée. » Le Petit Sauvage a devant lui sept jours (chiffre emblématique de la création) pour redevenir l'intrépide jeune garçon des années de collège qui fondait des sociétés secrètes, ne jurait que par l'amitié, un sentiment hors d'âge aujourd'hui. « Enfant, j'étais à la recherche d'une identité, j'étais comme tous ceux dont le cœur débarque, prêt à être Zorro, prêt à être Pasteur, aviateur ou pompier », note Pascal Jardin dans *Le Nain jaune* de façon prémonitoire. Au passage, on surprend la première apparition du dessin dans les pages d'un roman qui, pour le moins, promet du rebondissement. Eiffel fonce bille en tête, toujours flanqué de Lily du Gabon.

« La Société des Crusoé avait réuni autrefois cinq lascars bien décidés à revivre l'aventure de Robinson Crusoé, dans une île de la Méditerranée presque sauvage et assez méconnue : l'île du Pommier. » Crusoé devait trouver cet espace romanesque des recommencements, où tout est toujours possible. Le roi de la clé n'est pas loin de penser qu'il n'a rencontré depuis que des serrures trop bien réglées; et qui serait assez fou pour poser des verrous sur une île, sinon Alexandre Dumas pour Edmond Dantès, le comte de Monte-Cristo ? Ici, point de barreaux, nous sommes sous les branches du pommier, premier arbre du paradis.

Avant le jour dit, Alexandre Eiffel continue d'enquêter sur son passé. Il retrouve la Mandragore transformée en villa Eiffel : un hôtel. L'âge adulte – l'adultie, écrit Jardin – c'est, à l'image de cette maison, être habité par les autres. La Mandragore est pleine de la paille du monde, on y marche sur de la moquette anonyme, non sur ces parquets aux craquements si personnels. Dans le parc resurgissent les désirs. Il n'a pas oublié Fanny de Tonnerre qu'il épiait d'un arbre – tel le Malin – et qui, lorsqu'il n'avait que treize ans, lui prodigua, sur son bateau bleu, une de ces gâteries qui vous damnent un homme pour le restant de son existence. D'ailleurs Alexandre Jardin écrit, en grandes capitales, un poétique « Quelle PIPE ! » Depuis *Bille en tête* Jardin est devenu plus cru !

Alors qu'il flâne, mélancolique, dans le jardin, le voilà donc repris par ses habitudes de voyeur. Le Petit Cochon nostalgique grimpe maladroitement à son poste d'observation, mais il n'a plus les mêmes genoux ni le même poids. La nostalgie camarade... « Une voix retentit au loin. J'ouvris les yeux et, comme dans un songe, aperçus Mme de Tonnerre qui sortait de chez elle. » Mais, ce n'est pas elle, c'est sa fille, Manon. C'est la première fois qu'apparaît dans les livres de Jardin cette idée que le héros n'est plus de plain-pied avec l'âge de ses héroïnes, *Bille en tête* mettait en scène un enfant amoureux d'une femme adulte, le Zèbre éludait le thème en montrant un jeune élève objet du désir de Camille, l'épouse velléitaire du notaire amoureux ; la roue tourne visiblement pour le romancier, tout au plus pouvait-on apercevoir dans une des arrière-scènes de ce même roman le héros reluquant des gamines pour se rassurer sur son charme.

Décidé, Alexandre Eiffel se prépare à retrouver ses copains d'enfance, les lascars du cercle des Crusoé. Eux aussi ont dû subir l'injure du temps. Ils ne seront peut-être même pas au rendez-vous ?

Méditatif, mais néanmoins toujours vert, le héros songe à la belle Manon, plus ardemment qu'à son glaçon d'épouse. Elke est un personnage comparable à Laure de Chantebise dans *Fanfan* : tellement irréprochable qu'elle finit par en être transparente. Ces figures d'épouses, putatives ou non, mais peu affriolantes, sont dignes d'intérêt en ce qu'elles montrent le chemin parcouru par Jardin depuis les dix dernières pages de *Fanfan* et qui ont pu paraître à d'aucuns un plaidoyer moderne pour la monogamie. L'auteur s'en explique dans une interview quand il déclare, pour combattre cette opinion, « on a simplement oublié que dans les deux cent dix premières pages il (le héros) exprimait ses craintes de se laisser enfermer dans le couple. » Cependant on ne peut que noter au fil de l'œuvre la présence de créatures de passage dans l'orbite conjugale des héros par opposition à cette attente du vrai rendez-vous avec la Femme (la race des Fanfan, des Camille dans *Le Zèbre*, ici de Manon). On peut penser que la population féminine de ces quatre romans, entre ces femmes intenses et leurs homologues zéro, est exprimée dans le couple Fanfan-Laure qui en donne le modèle. Investies par le désir du personnage masculin, élues par lui, elles brillent et se dérobent, sinon, en raison de leur alliance au monde social – Chantebise-la famille, Elke-l'épouse – elles sont destinées à désirer en vain. Camille mélange les deux types, désirant l'Inconnu, elle le fait sans succès : l'élève objet de ses fantasmes n'est pas l'auteur des lettres anonymes. Quand les femmes socialisées veulent un homme, il faut qu'il y condescende. Clara voit son juvénile amant jouer au petit train avec son mari, une manière pour lui de nier sa conjugalité et de confirmer l'épouse dans son choix.

Monsieur Eiffel, que l'on va bientôt pouvoir appeler de nouveau jeune homme, se rend à cette fameuse grotte. Le lecteur commence à se poser des questions : dans quelle aventure est-il embringué ? On se croirait en plein dans un volume de la collection « Rouge et Or » de notre jeunesse. On attend Fantômette, le Club des Cinq à nouveau réuni. Le côté confrérie, camarades de bancs, fait songer, un temps, aux délicieux romans de Pierre Véry qui nous captivèrent autrefois. La grande réussite du roman est bien d'avoir retrouvé le goût, l'ambiance de ces livres que l'on offre aux enfants pour les occuper et qui leur en apprennent long sur la vie, *later on*, comme disent les Anglo-Saxons.

Pour parvenir à ce lieu porteur de tant d'espoir – la grotte – il lui faut entrer à la pension. Le directeur, M. Arther, qui « s'exprimait toujours en empruntant des vers aux fables de La Fontaine », est toujours là. Un personnage excentrique et cocasse : « Fervent admirateur de Robespierre, il coiffait sa bonne d'un bonnet phrygien le 14 juillet et tenait à ce que le calendrier révolutionnaire fût en vigueur dans l'enceinte de l'établissement. » Cette notation est d'autant plus étonnante que Jardin n'a que peu connu ce type d'établissement traditionnel, pour ne pas dire traditionaliste, puisqu'il a effectué une grande partie de ses études secondaires dans une institution à l'avant-garde des méthodes non directives en matière pédagogique. « À l'âge de treize ans [...] je me retrouve, parfait écolier, avec mon cartable sur le dos, dans un grand appartement parisien peint en rose, situé du côté de l'Opéra, au milieu de hippies qui me dévisagent comme un zombie et fument des joints dans la cage d'escalier [...] je fais glisser mon cartable que je tiens à bout de bras pour ne pas me faire trop repérer et j'essaie de comprendre où l'on doit former les rangs. Je suis habitué à ce qu'on s'aligne au premier coup de sifflet, au second on prend ses distances. Pas de rangs, pas de classes non plus [...] Tous les règlements sont votés à main levée et la première AG (assemblée générale) se réunit. Il s'agit de se prononcer sur la possibilité d'écouter du rock pendant les cours de math [...] Au cours de théâtre m'échoit l'honneur d'interpréter le personnage d'une jeune prostituée. Un rôle qui me permettra de découvrir l'usage des talons aiguilles et des porte-jarretelles. La tête de ma mère quand je lui ai demandé où on pouvait se procurer ce genre de choses [...]

L'année correspondant à la terminale nous avons même eu un cours d'entraînement à l'orgasme... limité quand même aux exercices respiratoires. » On ne verra aucun prolongement de cela dans les photos transformistes de l'auteur illustrant un article de *Marie-France* où Jardin apparaît grimé en femme, ni dans les scènes situées à Montréal de la fin du livre.

Une fois dans la caverne, le Petit Sauvage se retrouve seul. On pense ici à la scène de *Vendredi ou les limbes du Pacifique*, de Michel Tournier, autre ouvrage Crusoesque destiné aux enfants, qui comporte aussi une grotte de la renaissance où le héros se régénère dans la noirceur maternelle de la terre... Jules Verne, lui aussi, grand connaisseur de grottes et d'enfants, les met en route pour le centre de la terre comme Alexandre Eiffel l'est vers sa préhistoire à lui : le Petit Sauvage, la Mandragore, les copains, sa vieille PIPE... À l'intérieur d'un vieux cahier il se reconnaît. « Dès la première ligne, le Petit Sauvage suppliait l'homme qu'il serait un jour de demeurer *radioactif*. » C'en est trop pour lui qui, tel ces héros de bandes dessinées (Superman ou pis encore l'incroyable Hulk), décide de se transformer en un autre être, plus fort, plus audacieux, plus radical. Pour fêter cette audace, il jette sa montre à la baille.

Manon a un fiancé d'un bon milieu donc, au bord du mariage. Alexandre Eiffel était loin de se douter qu'elle avait eu, il y a très longtemps, un fort faible pour le Petit Sauvage. À l'époque, elle voulait devenir « contrôleuse de volcans ». Sans modestie aucune, il sent sourdre en lui une passion vésuvienne.

Il arrache également Tout-Mamma à son mouroir parce que « elle pensait que la réalité dont parlent les grandes personnes n'est qu'une illusion qu'ils entretiennent avec soin pour justifier leur lâcheté, leur manque d'imagination et leur misère affective ». Un personnage de vieille femme étonnant qu'Alexandre Jardin habille de réparties pleines d'une folle sagesse : « Je ne connais de justice que dans la défense des gens qu'on aime. » Une vraie déclaration.

Le Petit Sauvage mène sa barque, il godille fort et comprend alors qu' « il n'est pas de vraie vie sans incohérences. Les hommes et les femmes qui tentent de se conformer toujours à une certaine idée d'eux-mêmes – quelle qu'elle soit – sont des presque cadavres. Le libertin ne revit qu'en découvrant la saveur de la fidélité. L'épouse enfermée dans la monogamie ne refleurit que si elle court le risque de l'adultère. La cohérence mutile; l'incohérence régénère. » Jardin, qui prône d'habitude la fidélité, se montre sous un jour nouveau : l'adultère peut être utile, voire tout à fait recommandable à la condition de n'en jouer que l'asymptote. Il a néanmoins dit : « la quête de chair fraîche est un sport trop rudimentaire »; à l'opposé des propos d'un Gabriel Matzneff ou d'un Philippe Sollers.

Le libertin savoure, le monogame ne fait que courir le risque, toute la différence est là. L'incohérence sentimentale c'est la platitude des platitudes, le Zèbre lui aussi en sait quelque chose qui pioche dans son carnet d'adresses une relation qu'il ne pourra même pas appeler adultérine tant ce raté est *out*. Rentrer dans la foule, c'est nécessairement s'y serrer un peu, on y perd avec ses aises des parcelles de son individu. Il y a plus de dandysme que de moralisme en bien des attitudes de Jardin. Ce contre-pied du contre-pied (tromper sa femme avec sa femme) est assez talon rouge. Dans ce roman, comme dans *Le Zèbre*, le héros disparaît en éclats, ce sont des œuvres en explosion, des traités du trop-plein d'énergie où l'auteur tâte toutes les issues, toutes les failles de son monde avec la détermination du forcené qui se heurte contre les parois qui l'emprisonnent. Jardin, dans la vie hors les pages, a loué à Morgat une maison construite par Gustave Eiffel, on peut donc entendre métaphoriquement l'anecdote qu'il en rapporte. « C'était étonnant, une gigantesque boîte de conserve. Un coup de poing dans le mur et tout résonnait. »

Alexandre Jardin laisse transparaître dans ce roman l'obsession majeure de ses livres : « Pourquoi faut-il toujours que *l'autre* soit un obstacle irréductible ? » Il peut donc faire siennes ces lignes du grand Louis-René des Forêts : « Que jamais la voix de l'enfant en lui ne se taise, qu'elle tombe comme un don du ciel offrant aux mots desséchés l'éclat de son rire, le sel de ses larmes, sa toute-puissante sauvagerie. »

7

Chez les Jardin, la chronique familiale rencontre le cinéma bien avant la conception d'Alexandre. D'abord dans la très mauvaise coproduction européenne qui ensanglante le monde – ce n'est pas un euphémisme – et porte à l'écran des actualités d'aussi mauvais acteurs que Philippe Pétain et Pierre Laval, dans l'ombre duquel Jean s'épuise à administrer l'État français (où de ce qui en était en quelque sorte alors la doublure). Lisant les récits que Pascal donne de son enfance à Vichy, territoire larbaldien, et plus tard en Suisse, point de chute de Nabokov (pour ne citer que des auteurs de temps de paix), on se prend véritablement à rêver devant le scénario quotidien de cette délirante famille *pica-*

resque. Contre toute attente, elle héberge dans son grenier Raymond Aron, lequel, lassé de l'inaction et un peu hurluberlu lui-même (si, si) descend au salon et y croise dans un silence glacial l'émissaire d'Hitler (un cabotin – mèche, moustache puant le cirage à vingt mètres – trop typé pour une véritable carrière). Quand ce n'est pas pour changer de genre et prendre une scène d'action, l'attaque de la voiture grand-paternelle par les miliciens et sa défense... par la résistance. Sur la fin, les guerres jouent beaucoup du contre-emploi et un certain désordre des silhouettes y est toléré à mesure que la production dépense ses derniers fonds.

La vie même de Jean Jardin était un film dans le film, une incruste humaniste-farfelue digne de *Brazil* à l'intérieur d'un scénario du mauvais genre qu'on appelle aujourd'hui *gore* et dont on ne pouvait alors pas sortir. Pendant ces années tragiques, il a donc tenu la coulisse des grands premiers rôles mais, une fois les tumultes éteints, le personnage poursuivit dans l'invraisemblance et resta un grand petit homme, mi-ludion mi-divinité invisible de l'Olympe à la barbe et au trident en carton, travaillant à l'hôtel dans une chambre qu'il échange poliment avec un de ses ennemis déclarés, De Gaulle, dans le rôle du Général-Je-Vous-Ai-Compris (toujours ce goût de l'affiche dans cette famille). Régnant dans l'ombre en pullover troué (par des milliers de brûlures de cigarettes), il scelle là des marchés internationaux au milieu d'un doux délire téléphonique. Un personnage fort romanesque, trop fort pour être comme on dit porté à l'écran. De Funès et Jules Berry passés au mixer pour ne former qu'un seul homme.

La carrière de scénariste du père du romancier est suffisamment connue du grand public pour qu'on n'y revienne pas. Alexandre le met lui-même en scène dans *Fanfan* pour qu'on comprenne les motivations un peu cannibales de cet homme qui aimait faire des copies inexactes du réel pour produire son miel professionnel. Inexactes donc scrupuleusement étudiées dans leur vérité nue – tout le monde sait aussi qu'aux premières on ne paie pas – c'est pourquoi l'œuvre romanesque de Pascal n'est en rien comparable avec celle de son fils. Mais la ressemblance est là, tous deux sont des hommes de l'écrit, pas des purs produits de la caméra, ils ont un *point de vue.*

Pascal Jardin était un grand joueur de poker aux deux sens du terme. Il lui arrivait fréquemment de signer un scénario pour s'acquitter d'une dette. Aujourd'hui, son fils se demande pourquoi il n'est pas passé derrière la caméra. Alexandre n'a pas ces problèmes financiers, c'est son agent qui s'occupe des questions d'argent. Lui-même souhaite gérer économiquement son budget, ne pas faire un film cher. Au départ, dans la profession, rien n'est jamais cher. Et quand on a perpétuellement du jeu...

Dans la famille Jardin, il y avait un *a priori* envers les acteurs. Ce n'était pas bien d'en être un, racontait-on au jeune Alexandre. Comédiens naturels eux-mêmes, les Jardin ne pouvaient qu'avoir des rapports compliqués avec eux. Alexandre Jardin pense, maintenant, qu'on voulait lui cacher à quel point ils étaient, au contraire, intéressants. Sans doute s'en est-il rendu compte lorsqu'il a « flashé » au moment de la rencontre de ses comédiens sur le plateau de *Fanfan*. Il en reste « illuminé » et ne « s'attendait pas à ça ». Frères Lumière de père en fils, donc.

Sa connaissance des techniques du cinéma était quasi nulle jusqu'en novembre 1991. À compter de cette date, le besoin de se muer en réalisateur devient urgent, il se met au travail, regarde des films sur son magnétoscope, les décortiquant avec appétit : *Amadeus* de Forman pour la lumière, *Lolita* de Kubrick (deux histoires de jouvenceaux comme il en produit lui-même), *Les Diaboliques* de Clouzot, *À bout de souffle* de Godard, *Le Diable au corps* d'Autant-Lara. Adieu, cinoches de banlieues perdues où des comploteurs diserts projetaient pour un éphémère cénacle de fumeurs de Gauloises des mélos yougoslaves (ou bengalis); adieu, *Cahiers du cinéma* rédigés en cunéiforme socio-pro et tous les zélateurs de l'Idhec, manivelle fichée dans la tempe, caméra-*elbow for ever*. Maintenant, on apprend avec la télécommande et sa magique touche retour, les acteurs dégobillent à l'envers, allument leur cigarette après l'avoir fumée dans un bruit de chatouillis hystérique, de machine à coudre lancée en plein orgasme et qui aurait avalé un rossignol. Mais apprendre le cinéma à la télévision, est-ce finalement plus choquant que d'apprendre à lire dans *Tintin*?

Les vrais rapports entre Alexandre Jardin et le cinéma commencent avec *Bille en tête*. L'adaptation du roman, il y a quelques années, est signée Carlo Cotti, un ancien assistant de Franco Zeffirelli et que l'on n'a pas retrouvé depuis derrière une caméra! Alexandre Jardin a son nom sur l'affiche mais le script qu'il avait écrit – avant le roman, sur les incitations de Françoise Verny – a été remanié sans son accord par le réalisateur. Au contraire de la littérature, où l'on n'est pas loin de crier au scandale quand plus d'une personne met la main à la pâte, le cinéma est une partie qui se joue à plusieurs et parfois même on se sait pas non plus où est passé le ballon. Il est donc déçu par l'absence de cette folie, marque de fabrique de la maison Jardin, qui aurait dû être le moteur de l'entreprise. Déception pour un vrai-faux départ. Joué par Thomas Langmann (Virgile), Danièle

Darrieux (l'Arquebuse), et Kristin Scott Thomas (Clara), le film se regarde gentiment. Langmann en rajoute, voulant faire son Virgile sans l'être, la meilleure composition du lot reste celle de Danièle Darrieux bien qu'elle n'ait pas donné à son personnage le quart de l'excentricité d'une mamie-Jardin. Paulette Dubost eut mieux convenu, son délicieux livre de souvenirs, *C'est court la vie,* est digne de l'Arquebuse si elle s'était mêlée d'écrire.

Pendant le tournage, l'écrivain ne chôme pas, au contraire, il écrit le scénario original et les dialogues d'un nouveau film, *Gawin,* avec Arnaud Sélignac, déjà réalisateur de *Nemo.* La presse convoquera les nobles figures tutélaires de Jules Verne et Saint-Exupéry qui se pencheront sur le berceau car c'est, bien sûr, une histoire d'enfance. Tout en vient et doit y retourner, semble nous dire, à l'instar de Pascal, Alexandre Jardin. Félix Meyer est un petit garçon qui aime les robots et dont le rêve serait de rencontrer un extra-terrestre. Chacun son truc. Même s'il est en plastique verdâtre! Le Petit Sauvage n'est-il pas un fervent adepte des Action Joe? Une question de génération. *Exit* les soldats de plomb, grognards d'un empire aboli par *Stars War*.

Sa mère est morte, il est atteint de leucémie, avec peu de chance de s'en sortir. Le cancer talonne, Hector Malot revient! Nicolas, son père, joué par Jean-Hugues Anglade, soigne des animaux dans les zoos et les cirques. Il a le cheveu long et gras (c'est donc un père post-moderne) comme dans *37°2* de Beinex, boit de la Kro en canette tout en cherchant le moyen de sauver son fils. Gawin, c'est un gentil-petit-monstre-venu-de-l'espace, une figurine, le jouet préféré de l'enfant. Tout son univers est dévolu à la science-fiction, son chien allant jusqu'à répondre par abois parfaitement perceptibles du fond des galaxies au cinétique patronyme d'Astéroïd! (Goldorak go!) Félix rêve d'aller sur Vénus, un gros vaisseau se pose donc dans le jardin. Le spectateur en manque d'avaler son esquimau. Dans ledit vaisseau scintillant, il y a... Gawin *himself*, un petit personnage aussi laid qu'attachant. On est entre *E.T.* et *La Soupe aux choux*! Sidérant à défaut de

92

sidéral (la production n'a pas pu embaucher un véritable extraterrestre pour des raisons de contrat).

Très vite, le spectateur comprend tout (au cinéma si le spectateur ne comprend pas tout, c'est qu'il assiste à un film Art et Essai, il ne doit pas en être surpris, c'est généralement écrit à l'entrée), Gawin c'est papa, qui veut matérialiser le rêve de son fils : l'emmener sur la lune plutôt que chez tante Paulette avec mamie (Catherine Samie). L'endroit se rapprochant le plus de cette lointaine contrée imaginaire (Vénus n'est qu'un neurone phosphorescent – et un peu glauque comme la télé – au fond du crâne des petits enfants) paraît être la mer de Glace. C'est du moins l'avis de la grand-mère. Le baron de Munchausen y était allé, la chose était notoire autant qu'anciennement avérée. Galactiquement parlant, on notera que l'imaginaire grand-maternel décrivait une orbite plus modeste, comme si les aïeules, parangons de prudence, ne voulaient pas s'aventurer dans le cosmos hors de portée du regard humain, voire familial. L'expédition peut donc commencer. On ne vous en dira pas plus afin de réserver les belles surprises qui suivent; tout y est, la maladie, le papa, son fils et la grand-mère, Jardin peut faire ses premiers pas dans l'espace.

Pascal Jardin n'a jamais travaillé avec Philippe de Broca dont il était pourtant le contemporain. Pour Alexandre, la rencontre avec l'univers de ce cinéaste est très importante. Broca lui apparaît comme un personnage inspirant, un « homme d'une infinie poésie », il s'en fera d'ailleurs dit-il « un très grand ami ». Ensemble ils cosigneront le scénario des *Clés du Paradis*, joué par Gérard Jugnot et Pierre Arditi. La musique est signée Francis Lai (Alexandre est un amateur de musiques de films qu'il écoute hors des projections, et particulièrement de Francis Lai). Les fées sont donc encore au rendez-vous.

Gaspard Cavaillac (Pierre Arditi) est un écrivain « né sous une bonne étoile », traduit en dix-huit langues (Jardin à cette aune est né sous une contellation). C'est un père de deux enfants, long-courrier du divorce. Il possède, comme presque tous les héros jardiniens, un factotum, Boileau (interprété par l'admirable

François Perrot) qui, en plus d'intendant, lui sert de nègre; coupant et réécrivant la prose du maître depuis huit ans. Un homme toutes mains. Au début du film notre Gaspard, dont le chien s'appelle Marcel comme l'abominable fox du Petit Sauvage, traverse une crise. L'ex-écrivain à succès est passé d'un tirage de 100 000 à 35 000 exemplaires, un cauchemar qui ne l'empêche pas de rouler en Porsche Targa pour tromper sa déprime. Olga son éditrice (Micheline Dax) lui donne du *chéri*, picole sec et ne manque pas d'évoquer Françoise Verny. Elle veut un nouveau roman pour lancer son vieux poulain (si ce terme a un sens). Ce n'est plus un yearling, mais ça peut toujours rapporter gros, placé ou dans le désordre des prix. Toute ressemblance avec des personnages...

L'écrivain est tiraillé entre son ex et Marie la nouvelle (Philippine Leroy-Beaulieu, en diablotine sexy, cheveux courts et petites robes), mère de sa fille, la petite Valentine. Il part, avec l'inséparable Boileau, poursuivi par le tandem Marie/Valentine, pour le golfe du Morbihan où vit Paul (Gérard Jugnot), son frère, un professeur de français (*Nobody is perfect!*) à qui la vie fait des misères. Il sera renvoyé à la fin du trimestre et roule en Citroën, ce qui n'est pas de nature à arranger les choses comme chacun sait. De plus, il a les mains moites. Ensemble, les frères font du vélo, naviguent sur *Pépère,* un voilier qu'ils tiennent de leur père. On reconnaît dès à présent ce jumeau qui hante la généalogie jardinesque, mais il faut dire qu'ils ne se ressemblent, ici, pas du tout, même de près. Paul, « cette bouillotte [...] transparent comme un verre de flotte [...] un authentique bonnet de nuit », aime sa femme Isabelle (Fanny Cottençon), ne rêve que de lui faire l'amour la lumière allumée (tel le Zèbre), histoire d'y voir clair. Un type qui aimerait enfin « dîner avec ses rêves », avoir une vraie vie, de la reconnaissance. De la lumière.

Gaspard, lui, n'arrête pas de courir. Marie lance à son adresse un « t'es qu'un vieux jeune, t'es qu'un adulte ». Touché! Il a commencé à écrire dès sa jeunesse et clame aujourd'hui « j'ai pas le cancer moi » *(no comment),* l'écriture est sa maladie quoiqu'il n'en ressente plus l'urgence, il en préfère donc les phases de rémission voire de convalescence et, de toute façon, il a un nègre pour les affres de la création.

Ils décident d'échanger l'inéchangeable : leurs vies. Gaspard va devenir un gentil professeur et Paul écrira ses livres. Ce qui, en passant, fera de Boileau un nègre au carré (le nègre d'un nègre). Situation cocasse, le grand-père d'Alexandre Jardin s'est lui-même retrouvé, alors qu'il écrivait, en nègre, un ouvrage sur les chemins de fer, être appellé par le ministre qui devait en faire la préface... pour être son nègre. Cas rarissime de double négritude, Jean Jardin préfaça sous un autre nom le livre qu'il avait lui-même écrit sous un autre nom.

En changeant de vie, ils changent de femmes (Gaspard avait déjà beaucoup anticipé avec Isabelle toute lumière allumée). Paul, lui, ne sait pas bien comment se comporter avec Marie mais se montre un chef dans l'art périlleux de changer une couche. Ce qui fera dire à la mère attendrie « c'est très séduisant un homme qui sait s'occuper des bébés ». Bien sûr, il y a, pour ces frères couches et couches et, d'une certaine manière, ils sont tous deux experts dans l'art d'en changer.

Dans ses tiroirs, Paul a un roman, *Les Deux Frères*, qu'il aurait bien aimé publier mais il n'a pas osé, il va y retravailler, l'appeler *Les Clés du paradis*. On ne peut être plus explicite sur la question du double. Pour séduire Marie, il lui récite un extrait du *Lys dans la vallée* (Balzac); Jardin reprend sans vergogne cette stratégie du truchement dans *Bille en tête*, mettant Shakespeare au service de la flamme de son jeune héros. Lorsqu'il s'aperçoit avoir été trompé par sa femme, Paul ne se contient plus,« mon mariage ça devait être mon chef-d'œuvre » déclare-t-il, se faisant ainsi le porte-parole de tous les héros masculins de l'œuvre littéraire. Les frères choisissent de régler leur différend en duel. Gaspard ne veut plus de la vie de Paul et réciproquement. Il s'enfuit retrouver son papa-bateau où il mange des sardines en pleine nuit comme d'autres se consolent de cochonnaille chez leur grand-mère. Il veut prendre le large, vêtu de son ciré jaune, à destination des Marquises, mais échoue, accablé par la mouise fraternelle qui s'acharne maintenant sur lui, et se retrouve faux amnésique dans un hôpital psychiatrique : « ou on guérit, ou on en meurt, en tout cas on ne vieillit pas. » Alexandre Eiffel *dixit.*

Le manuscrit de Paul, jugé génial par Olga, fait un malheur en librairie ; prix Goncourt à l'unanimité. Un doute plane sur la véracité de ce dernier épisode. Interrogé par la télévision, il déclare n'avoir qu'un regret, n'être pas parti aux Marquises, « sans date de retour », avec Gaspard et lui lance un appel où qu'il soit. On retrouve les deux frères à bord de *Pépère,* tandis que les épouses sont sur la berge – ohé matelots. La malchance leur devient commune puisque le bateau rencontre des récifs, les fameux écueils sur lesquels sombrent tant de belles histoires mais où s'ancre la fraternité.

Virgile et Claude, premier double de l'œuvre littéraire, présentait en la personne du jeune ami une ombre, un faire-valoir. Le sujet même de ce film-là nécessitait un véritable dédoublement. Jardin a tranché (à la Salomon) dans son personnage : l'écrivain à (et sans) succès, le rôle de Claude étant cette fois-là dévolu à Boileau. La moitié d'une moitié, un homme au quart. Frère Jardin a des lettres, mais poisse de cet anonymat, de ce savoir provincial dont on ne peut pas jouir en pleine lumière. Frère Jardin a une œuvre, mais Boileau c'est le cancer du livre, patient et proliférant. On se demande pourquoi Jardin n'a pas situé son scénario dans d'autres milieux sociaux : la chanson, la course automobile, le turf, l'armée (Olga eût fait une belle cantinière), la montagne (en saint-bernard, pour le tonnelet). Autobiographie, quand tu nous tiens...

Jean Poiret a tourné *Le Zèbre* comme l'honnête chef cuistot de la comédie des boulevards qu'il était et dont il détenait les recettes de longue et habile main. Fenouil, cerfeuil, gags à gogo, héros aux yeux bleus. Il a œuvré pour le grand public comme Jardin lui-même, s'assurant la collaboration d'acteurs de genre qui fonctionnèrent avec le bonheur que l'on sait, dans un scénario pour lequel Jardin scénariste n'est pour rien. Ce n'est pourtant pas faute d'y avoir travaillé mais, quand le succès escompté est grand, il est aussi difficile à l'auteur qu'aux spectateurs de trouver une entrée.

Le premier jet du scénario Jardin est vendu

par lui (ainsi que les droits) à Patrice Leconte, le réalisateur des *Bronzés*. Leconte ou Poiret, c'est la même cible qui est visée. Des deux réalisateurs seul le premier est expérimenté, mais, venant de terminer *Le Mari de la coiffeuse*, il repousse l'offre. Question crin, il a son compte.

Qu'importe, les droits aquis par son producteur, Thierry de Ganay, sont bien au chaud, le brave homme couve donc les œufs d'or. Têtu comme son personnage, innocent comme lui, Jardin revenant à ses premières amours produit une troisième mouture de l'histoire, en l'espèce : une adaptation théâtrale! Las, Thierry de Ganay, au mot théâtre ne se retourne même pas sur sa couche. Le Théâtre! C'est aussi excitant qu'une course d'ânes à Plonéour-Lanvern pour un propriétaire de pur-sang internationaux; lui, c'est la jumelle sur le derby, Ascott, Longchamp, millions d'entrées, le Grand Public! Dernière démarche de Jardin pour amadouer son Zèbre, il propose au producteur de confier la réalisation à de Broca, la vieille casaque, refusé! Alors il va au cinéma voir *Le Zèbre*, un film tiré de l'œuvre d'Alexandre Jardin, comme on dit, pour un crack mal embouché, tiré de son écurie. Mais l'important, ce sont les étincelles que lâchent les fers sur le terrain, non ? Dans le film il y en a, Jardin le dit, nous aussi, le Grand Public.

Pendant qu'il écrit *Le Petit Sauvage*, Alexandre Jardin qui a deux fers au feux adapte *Fanfan* pour la Paramount ; mais le gigantisme de ces studios américains produit des effets pervers : les interlocuteurs du scénariste sont mouvants tant le jeu des chaises musicales professionnelles est aux États-Unis porté à la dimension d'un sport national. Le projet, petit poisson en train de grandir, doit se frayer un chemin dans ce panier de crabes. Prudent, notre homme retarde donc la signature de son contrat, cependant le système Paramount a aussi ses avantages : le réalisateur n'y est rien... L'homme important c'est celui qui fabrique l'histoire – sans quoi rien n'aurait lieu – un créateur donc, pas un interprète. L'attention qu'il porte au scénario doit donc (selon les critères américains) s'étendre jusqu'aux indications de lumière. Alexandre Jardin a, au final réellement et dans tous ses détails, conçu son film avant d'avoir eu l'idée de le tourner.

Au moment de la sortie de *Fanfan* (le livre) un producteur Alain Terzian lui avait dit « c'est à toi de le faire »; lassé du byzantinisme de la Paramount, il décroche son téléphone et appelle Sophie Marceau. L'actrice est une assez vague relation puisqu'il l'a connue au moment de la sortie de *Bille en tête* lors d'une interview qu'il réalisait pour le compte de *V.S.D.* Vrai talent d'interviewer où, fraîcheur de dilettante, les questions qu'il lui avait posées alors sont restées dans sa mémoire. L'accord se fait. Côté Crusoé, Alexandre Jardin désire faire travailler un acteur qu'il ne connait qu'en tant que spectateur des films où il a joué : *Le Capitaine Fracasse* d'Ettore Scola, *Cyrano de Bergerac* de Jean-Paul Rappeneau : Vincent Perez. Après une première rencontre satisfaisante, l'acteur trouve son texte clairet et peu de son goût. Il est vrai qu'il doit passer des vers célèbres et truculents de Rostand aux propos innocents d'un très jeune garçon d'aujourd'hui. Il ne veut plus faire le film.

Suivent quatre mois pendant lesquels Jardin ne peut se résoudre à envisager quiconque sinon Perez et, puisqu'il s'agit d'un problème de script, il le retravaille et soumet une nouvelle copie à l'acteur qui cette fois accepte. C'est, après l'écart, une rencontre de plus en plus personnelle : pendant le tournage, ils échangent leurs montres comme pour nier tout le temps perdu qui présida au début de leur relation. C'est ainsi qu'on peut voir au poignet d'Alexandre Crusoé-Perez battre la montre d'Alexandre, elle-même cadeau de Pascal (et non du père Crusoé).

Perpétuant l'amour des trains qui a marqué toute la vie de son grand-père, Alexandre Jardin monte dans le TGV de 10 h 40 en direction de Saint-Raphaël... avec toute une équipe de tournage. Quinze plans à tourner avec Fanfan, Alexandre Crusoé et Bruno Todeschini (le personnage de Jean dans le livre qui est devenu Paul à l'écran).

Ce que Jean-Pierre Mocky appelle « impressionner la pellicule », Jardin le traduit dans le désir qui lui est nécessaire afin de rendre beaux ses acteurs. Réalisateur, il a besoin de phantasmer sur ses comédiens comme pour leur transmettre cette charge de désir qu'on appelle aussi sur l'écran, quand elle est captée et renvoyée au spectateur, la beauté, le charme, le *kick* (!), l'aura; la présence. Cette magnétisation projective ne se fait pas sans tensions, Jardin cherche la « comédie vraie ». Ainsi Alexandre Jardin et Sophie Marceau, en début de tournage, se faisaient mutuellement peur et, pratique insolite entre les gens de cinéma, se vouvoyaient. Phénomène tout à fait contraire au credo du réalisateur qui ne supporte pas le moindre décalage entre la réalité et sa représentation. Quand un acteur joue la douleur il doit avoir mal. Réellement. Sur ce point, le fils se sépare du père attentif lui à l'inexactitude comme principe du vraisemblable ainsi que l'indique Crusoé fils parlant de Crusoé père dans le roman. Nouveau paradoxe, Jardin tourne en studio, celui, antique et chaleureux de Boulogne, promis à une démolition prochaine.

Il faut beaucoup d'imagination pour comparer les mille réseaux couleuvrins des câbles, l'apparent désordre des portants en bois, enjambé, traversé par la trentaine de personnes qui s'y affairent, à la page blanche de l'écrivain. La solitude de Jardin y est pourtant la même au milieu du va-et-vient, des conversations, des techniciens, de la maquilleuse, du coiffeur, des deux assistantes armées de talkie-walkie. Le tout fait penser à un chantier par la profusion des planches, des escabeaux, des chaines métalliques et autres fils électriques. Un chantier ou bien le lieu d'un sinistre venant de se produire, puisqu'un photographe mitraille à intervalles réguliers. On devine même, au sillage de silence déférent qu'il laisse derrière lui, le producteur venu rendre visite.

Avant le début de la scènes les comédiens discutent entre eux. Pour l'occasion Vincent Perez porte un costume militaire chic. Pantalon noir, veste blanche et verte, garnie de décorations, col terre de Sienne, épaulettes dorées.. Il tient une *vraie* épée. Partant du sol elle lui arrive à la hanche. Sophie Marceau est vêtue d'une robe rose agréablement décolletée, de bottines rouges. Ses cheveux sont savamment attachés. Elle paraît aussi grande que Vincent Perez. Ah, les talons...

Alexandre Jardin garde ses lunettes, donne ses directives. La première assistante à la réalisation (« pivot de l'organisation ») demande le silence pour les répétitions de la scène. Le rouge est mis. Les deux acteurs, après un enlacement horizontal, doivent tomber d'une estrade. Ils sont censés se trouver dans un studio de cinéma, costumés après une valse endiablée. La caméra est posée sur un chariot de bois qui roule sur un rail circulaire. 42/20 première, suivi du clap rituel. Vincent Perez se lève, épée à la main, maugrée avant de se jeter sur une table (jonchée des vestiges d'un repas) qui s'effondre dans un grand vacarme, brisée en deux, laissant le comédien à terre. Fanfan accourt : « Vous êtes blessé ? » Il n'a pas l'air en grande forme, du sang perle au pourtour de ses lèvres. Elle s'approche, mouchoir serré dans sa menotte, « Tu saignes vraiment ? », et lui tamponne la bouche. « Mademoiselle, le pucelage des filles n'est pas un sujet de plaisanterie », déclame-t-il avant de donner un coup avec son épée.

Après la prise, passant outre les interdits, les comédiens allument des cigarettes. Alexandre Jardin discute avec Sophie Marceau puis avec Vincent Perez. Il paraît à l'aise, parle avec les techniciens, marche un peu sur le plateau. On réajuste les épaulettes. Sophie Marceau redit son texte face au micro. Trois prises pour bien faire. On prépare la scène suivante qui sera raccordée à celle-ci. Les comédiens ont quitté le plateau. On teste les lumières, ce qui prend un temps fou. Dehors, on se croirait dans une caserne. Il y a des camions dans le hall, tout est en rouge et noir. On trouve même un petit bar où venir écluser à ses moments perdus. Et Dieu sait qu'il y a l'air d'en avoir sur le tournage d'un film.

Alexandre Jardin ne sait pas pourquoi il tourne un film ou écrit un livre; sans doute un même besoin de « corriger la réalité ». Il pense cependant qu'un scénario et un roman n'ont rien à voir. Dans un roman, on recherche la qualité du style et du sujet. Dans un script, « un sujet n'est bon que s'il permet aux acteurs d'être bons ». D'où son obsession du casting et le « sur mesure » du texte qu'il a effectué pour Perez sur ce film.

Alexandre Jardin ne conçoit aujourd'hui plus de ne « se balader qu'avec des romans ». Le cinéma, il est accro.

Comme l'écrivait François Truffaut, qui savait de quoi il parlait, « l'intérêt d'un film, qui doit se fondre avec celui d'un metteur en scène, peut aller à l'encontre des intérêts individuels : le scénariste verra ses intentions s'édulcorer, des morceaux de dialogues disparaître. » Jardin coupe ou réécrit Jardin, il ne se fait pas de nouveaux ennemis. « On ne peut sortir de l'ombre, même un peu, sans exciter la haine de beaucoup » (Paul Valéry). Une chance, le cinéma se regarde dans le noir.

8

Eric Neuhoff résume la situation : « L'écrivain le plus démoli par la critique est aussi celui que le public préfère. Il y a quelque chose qui cloche. » La chandelle dans la mansarde ne ferait recette que dans les arrondissements spécialisés où la mansarde c'est pour le service. Service de l'office ou, mieux, service de presse.

Alexandre Jardin se dit blessé de ne pas avoir été compris par le milieu littéraire. On le comprend. Christian Bobin, écrivain discret, le dit bien : « ... à Paris, dans le milieu de l'édition, on cède au besoin provincial de la méchanceté. On ne parle jamais des livres. On parle du nom. On prend le nom qui est sur la couverture et on détruit le nom ». Mais

Jardin vend trop pour faire partie de la famille, il n'est pas un professionnel de la profession, il n'est pas un nom, il est une marque. Il bouge trop au goût de ces messieurs dames, cinéma, télévision et puis, les tirages... Indécents ! Sur le volant des lecteurs qu'il a révélé, il fait son badmington, un coup scénario, un coup roman, un coup « hors champs », petits mickeys, palmiers graffités sur le marbre des plus nobles frontons. Des plaisanteries pas à la portée de tous les censeurs. Rancœurs à la traîne, et mal placées, le gamin joue tranquille dans d'autres cours, l'œil innocent et la main sûre. Poiret ne s'y est pas trompé quand, poursuivant la stratégie des grands comédiens populaires qui vivent au théâtre, il puise dans Jardin comme dans une de ces pièces qui ont fait leurs preuves. Neil Simon, André Roussin ou autres qui fournissent les affiches solides, les salles pleines et l'assurance de pouvoir jouer jusqu'à la cinq-centième. Les artisans du grand public, ceux qui en vivent sans les juger, les Jacqueline Maillan, Jean Lefèvre ou Bernard Menez n'ont pas les états d'âme balsamiques du sixième arrondissement quand ils cherchent de ces solides cadres en vrai bon bois qui tiennent la route.

Alexandre Jardin ne lit plus les articles qu'il suscite. Les bons comme les mauvais, pas de jaloux. C'est son attachée de presse qui s'y colle, dur métier! Côté littérature-littérature, il préfère : *Voyage au bout de la nuit* de Louis-Ferdinand Céline, choc de son adolescence, à mille lieues des affinités littéraires qu'on lui prête.

« Je n'envisage pas les cataclysmes. » Jardin est un écrivain à succès, c'est son square. Un pré carré dont il cherche les issues alors que bien d'autres ne sont pas à la veille d'y entrer. Quatre romans, autant de scénarios, des chroniques à la télé – Canal + à son *successful* début –, des tribunes de presse, mais Alexandre Jardin veut explorer toutes les formes d'écriture, romans, nouvelles, pièces de théâtre, bande dessinée, y compris la poésie. Sur la BD, il répond : « À mon sens, il s'agit d'un secteur à rénover entièrement, voire à défricher. Je considère qu'il y a des erreurs d'aiguillage et, tant par la forme que par les histoires, les créateurs se sont mal embarqués [...]. Depuis cet été, je prends d'ailleurs des notes à ce sujet. Si une vraie rencontre se produit avec un dessinateur, j'ai envie de créer une série. Attention, il ne s'agit pas pour moi de faire un album, mais d'imaginer une histoire qui se déroulerait sur une dizaine d'épisodes environ... » Quoi de plus logique vu la mise en page de son dernier roman ; un pas vers l'animation et le dessin animé.

De média en média, Jardin est condamné au succès, le livre dont il tire ses pouvoirs le situe faussement sur le terrain de la littérature, mais c'est de lecture qu'il est question, il invente ses lecteurs comme on dit d'un découvreur de trésors qu'il les invente. Et ils se révèlent en foule. Comme les artistes de variété sont encagés dans l'obligatoire « Top 50 », Jardin se doit de durer avec ses tubes, cinéma ou bouquins ça n'a pas d'importance, il travaille pour ses contemporains speedés – jamais de description dans sa prose – et doit garder le tempo. Question d'époque.

BIBLIOGRAPHIE

Bille en tête, Gallimard et « Folio ».
Le Zèbre, Gallimard et « Folio ».
Fanfan, Flammarion et « Folio ».
Le Petit Sauvage, Gallimard.

On peut trouver *La Guerre à neuf ans* de Pascal Jardin dans la collection « Les Cahiers rouges », aux éditions Grasset.

Sur Jean Jardin, on se reportera à la biographie de Pierre Assouline, *Une éminence grise : Jean Jardin, 1904-1976,* aux éditions Gallimard, collection « Folio ».

REMERCIEMENTS À :

Christine Bolton, Marie-Agnès Boivin, Gilles Brochard, Rémy Douarre, Hélène de Saint-Hippolyte, Cyril Stankoff et Hélène Werlet.

Cet ouvrage a été réalisé par la
SOCIÉTÉ NOUVELLE FIRMIN-DIDOT
Mesnil-sur-l'Estrée
pour le compte des Éditions du Rocher
en avril 1993

Éditions du Rocher
28, rue Comte-Félix-Gastaldi
Monaco

Imprimé en France
Dépôt légal : avril 1993
CNE Section commerce et industrie
Monaco : 19023 – N° d'impression : 23080